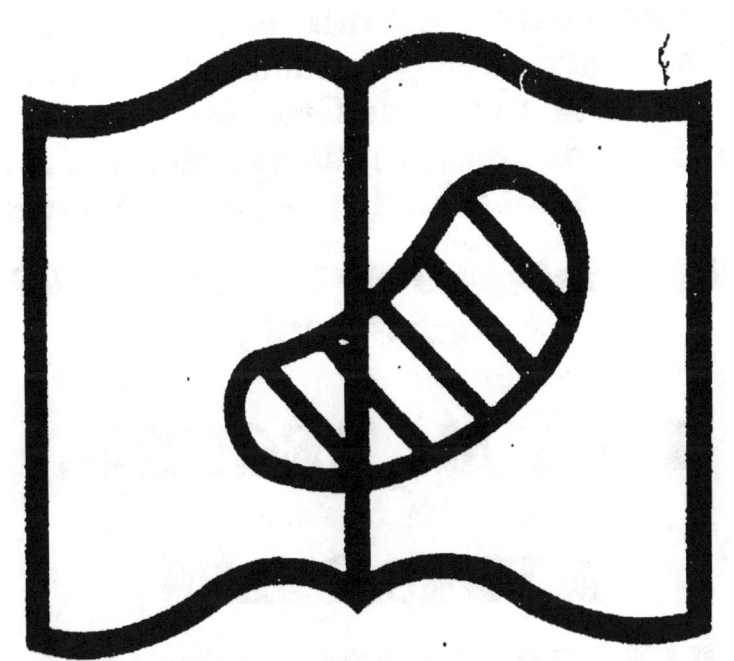

Original illisible

NF Z 43-120-10

"VALABLE POUR TOUT OU PARTIE
DU DOCUMENT REPRODUIT".

NOUVEL ITINÉRAIRE

DE

Paris à Versailles,

PAR TROIS ROUTES,

Par Passy, Boulogne, Saint-Cloud, etc.... Page 1
Retour par Sèvres, Auteuil, etc............ 68
Par Vaugirard, Issy, Meudon, etc.......... 93
Retour par la Plaine de Grenelle 129
Par le Pont de Neuilly, Marly, etc......... 137
Retour par Saint-Cloud et le Bateau à vapeur. 234

Avec des Notes historiques sur les Lieux que le Voyageur aura parcouru;

PAR M. BECKER.

A VERSAILLES,

CHEZ KLEFER, IMPRIMEUR-LIBRAIRE,
Avenue de Picardie, 11,

ET LES PRINCIPAUX LIBRAIRES.

1837.

NOUVEL ITINÉRAIRE

DE

PARIS A VERSAILLES,

ET RETOUR,

PAR TROIS ROUTES;

Par M. Becker.

A VERSAILLES,

CHEZ KLEFER, IMPRIMEUR,
Avenue de Picardie, 11,

ET LES PRINCIPAUX LIBRAIRES.

1837.

AUTRES OUVRAGES

En vente aux mêmes adresses :

Le Nouveau Guide du Voyageur à Versailles, Trianon et Marly, contenant, 1°. Instruction pour les Voyageurs ; 2°. Notice sur la Machine de Marly, et sur l'Inventeur RENNEQUIN SUALEM, machiniste liégeois ; 3°. Palais et Cour d'honneur ; 4°. *Musée national*. Marche à suivre pour le bien visiter ; 5°. Jardin et Parc du Palais ; 6°. Trianon (grand et petit) ; 7°. Notice sur les Eaux de Versailles ; 8°. Château et Machine de Marly ; 9°. Hôteliers, Cafetiers, Traiteurs, et autres Établissemens publics. 1 joli volume de 128 pages. Prix   40 c.

Versailles et son Musée national-historique, suivi de la Liste des Adresses d'un grand nombre d'Hôteliers, Traiteurs, Cafetiers, et autres établissemens publics de Versailles, l'indication des heures auxquelles jouent les Eaux, et la marche à suivre pour voir jouer les pièces une à une, avec les heures de départ et le prix des places des Voitures.

NOUVEL ITINÉRAIRE

DE

PARIS A VERSAILLES.

Introduction.

Le lien qui unit Versailles à Paris, est essentiellement monarchique. Versailles lui doit son existence et sa splendeur passée; c'est à lui encore qu'il devra une prospérité future, que la Révolution semblait avoir rendue impossible. La monarchie ancienne, avec son personnel titré et chamarré d'or, a disparu pour faire place à une royauté constitutionnelle, qui a pour base la souveraineté du peuple. Mais cette monarchie qui a régné sur la France pendant tant de siècles, dont le sceptre brillant était de fer, dont le trône était appuyé sur une foule de privilégiés de toutes sortes, engraissés du travail et de la sueur d'un peuple de serfs, cette monarchie, dis-je, a cependant des annales glorieuses; son livre d'or, malgré de nombreuses taches de sang, de honte et d'opprobre, brille pourtant, entre celui des autres monarchies, d'un très-vif éclat; les plus savans historiens ont perpétué ses souvenirs de gloire, les poètes les ont immortalisés dans leurs chants sublimes, les artistes les ont fait revivre sur la toile, et sur le bronze et le marbre, et leurs travaux, fruits de plusieurs siècles, ont été recueillis dans le magnifique Palais élevé par le Roi qui a porté au plus haut degré la majesté royale, par le Roi qui doit sa royauté à la suprême et imposante volonté du peuple. La splendeur de notre ancienne monarchie n'existe donc plus que dans ses archives historiques, et ces Enfans du Peuple qui les ont retracées, en ont fait des milliers de chefs-d'œuvre. Ce n'est plus la monarchie vivante avec son fastueux entourage, et ses valets de tous les étages, qui donnera à Versailles cette prospérité qu'il avait sous Louis XIV, qui y attirera des Voyageurs de toutes les parties du monde, mais la monarchie historique, œuvre du génie populaire, mise en ordre et en lumière par un Roi-citoyen.

Versailles, déjà si fréquenté par les habitans de la capitale et les Voyageurs de tous les pays, va le devenir bien plus encore, par l'établissement du Musée national. Ce Musée, unique au monde, sera visité par les curieux de toutes les nations, et le pays qui sépare ces deux villes, va prendre l'aspect le plus animé, ce qui ajoutera encore à la beauté des sites et des habitations, qui les rendent déjà si pittoresques.

Ces lieux, qui demandent une description pour être connus des Voyageurs, sont bien plus intéressans encore par les souvenirs historiques qui s'y rattachent, et que, pourtant, la plupart de leurs habitans ignorent. Le Voyageur qui veut tout connaître, essaierait donc en vain de s'adresser à eux pour avoir les renseignemens qu'il désire. C'est à l'histoire qu'il doit recourir, pour connaître les monumens qui se trouvent sur son passage, et une foule de particularités qui le frappent au premier abord, au grand étonnement de ces habitans. C'est une triste vérité, qu'il faut pourtant avouer ; la civilisation, dans sa marche rapide, semble avoir oublié la banlieue de Paris ; la plus crasse ignorance paraît y avoir établi pour toujours son ténébreux domicile, et la corruption la plus profonde ajoute encore tout ce qu'elle a de hideux, à l'état de barbarie dans lequel beaucoup de paysans semblent se complaire.

Un Nouvel Itinéraire de Paris a Versailles, qui fasse connaître tous les lieux que le Voyageur a à parcourir, est donc une chose utile, qui sera accueillie avec plaisir. Le voyage peut se faire par plusieurs routes, qui présentent chacune des intérêts divers, et aussi puissans les uns que les autres. Nous suivrons les trois principales, avec retour par une route différente.

Le premier voyage sera par la route que l'on suit le plus habituellement, et la plus courte, avec retour par le parc de Saint-Cloud et le bois de Boulogne. Le deuxième guidera le Voyageur venant du faubourg Saint-Germain, par Vaugirard, Issy et Meudon, avec retour par la plaine de Sèvres et Beau-Grenelle. Le troisième voyage le conduira jusqu'à Marly, en passant par Neuilly, Puteaux et le Mont-Valérien; de Marly, il franchira la montagne couronnée par un bel aqueduc, et se rendra à Versailles, en passant par Rocquencourt; son retour se fera par le parc de Saint-Cloud, où il s'embarquera pour revenir à Paris.

On le voit, par ces trois voyages, toute cette partie de la banlieue qui se trouve du côté de Versailles, sera l'objet d'une description pleine d'intérêt et de souvenirs attachans.

1er voyage.

CHAPITRE I.

Chaillot — le Couvent de la Visitation — la Pompe à Feu — la Savonnerie — la Verrerie — la Grenouillère — l'Entrepôt — l'Abbaye de Sainte Perrine — le Palais du Roi de Rome et le Trocadéro — le Couvent des Bons-Hommes — l'Ile des Cygnes — le Panorama — Maisons de Plaisance.

En quittant la place Louis XV, on suit le cours de la Reine, au bout duquel se trouve le village de Chaillot, bâti en amphithéâtre sur le revers d'une montagne. Peu de personnes passent à cet endroit sans se rappeler la tendre La Vallière, qui y vint expier au couvent de la Visitation, les jours heureux où elle crut à l'amour d'un Roi. Cet amour passa bien vite; les regrets qui le suivirent passèrent aussi, et La Vallière elle-même. Depuis, une révolution passa à son tour, et elle emporta, avec des milliers d'autres, le couvent de la Visitation. Cherchez-en la trace, si vous pouvez. Il était pourtant de fondation royale; et les religieuses qui l'habitaient étaient dames hautes justicières de Chaillot, et propriétaires des seigneuries subalternes qui en dépendaient. Ce couvent était une espèce de palais que Catherine de Médicis fit bâtir, et que le maréchal de Bassompierre habita. Henriette de France, reine d'Angleterre et femme de Charles Ier, après la mort tragique de ce prince, fit de cette maison royale, qu'on lui avait donné pour retraite, un refuge pour les religieuses qu'elle amena avec elle. Cherchez aussi la trace de l'église de ce couvent : vous n'y trouverez pas même une seule pierre des tombeaux où était conservé le cœur de cette Henriette de France, de son fils Jacques II et de la princesse Marie, sa fille, morte à Saint-Germain en 1712, et de la sépulture de la reine Marie-Béatrix-Éléonore, fille d'Alphonse IV, duc de Modène, femme de Jacques. Il

Vous trouvez actuellement sur l'emplacement, une admirable maison que fit construire François Ier, et qui fut apportée par morceaux, de Fontainebleau, sous la restauration. Ce monument est très-curieux à visiter.

La Savonnerie n'existe plus non plus; les manufactures des Gobelins et celle de Beauvais partagent actuellement, avec un grand avantage, la précieuse industrie de cet établissement. Quelques pans de murs restent encore, et bientôt tout aura disparu. La manufacture de tapis avait succédé, en 1604, à une fabrique de savon, qui conserva son nom jusqu'à nos jours.

Les ouvrages les plus remarquables sortis de cet établissement sont un tapis de pied destiné à couvrir le parquet de la grande galerie du Louvre, et qui consistait en quatre-vingt-douze pièces, un tapis qui couvrait la tribune du Roi, dans la chapelle du palais de Versailles, et ceux exécutés par *Pierre Dupont*, pour les maisons royales de plaisance de Trianon, de Marly, etc.... Cet artiste était le petit-fils de celui qui fonda la manufacture, et qui, ainsi que Simon Lourdes, son successeur, méritèrent des lettres de noblesse pour la perfection avec laquelle ils exécutèrent leurs travaux.

Cette manufacture avait une chapelle sous l'invocation de saint Nicolas. Sur la porte d'entrée on lisait l'inscription suivante :

« *La très-auguste Marie de*

Médicis, mère du roi Louis XIII, pour avoir, par sa charitable munificence, des couronnes au ciel comme en la terre, par ses mérites, a établi ce lieu de charité, pour y être reçus, alimentés, entretenus et instruits, les enfans tirés des hôpitaux, des pauvres enfermés, le tout à la gloire de Dieu, l'an de grâce 1615. »

Près de l'endroit où était la Savonnerie, on voit maintenant un superbe bâtiment servant de magasin aux subsistances militaires de la garnison de Paris.

A cette même place se trouvait une verrerie qui ne subsiste plus depuis long-tems ; c'est de cette verrerie que sont sorties les plus belles verrières des églises de Paris.

De l'autre côté de la Seine,

entre l'esplanade des Invalides et le Champ-de-Mars, on remarque des baraques ayant un aspect singulier; le voyageur saura que ce sont des ateliers de sculptures. Les chefs-d'œuvre que nous admirons dans les expositions annuelles, dans nos musées, les statues colossales qui décoraient le pont de la Concorde, et qui ont été amenées dans la Cour d'honneur du palais de Versailles, sortent, pour la plupart, de ces méchantes baraques.

Ce terrain s'appelait autrefois *la Grenouillère*. Ce nom n'annonce rien de beau pour la situation; cependant il en est peu dans Paris d'aussi avantageuses, par les vues qu'elle donne sur la Seine, sur le château et le jardin des Tuileries, etc. Dès l'année 1708, on y avait déjà commencé la construction d'un quai: le prévôt des marchands, *Boucher d'Orsay*, accompagné du corps-de-ville, en posa la première pierre en grande cérémonie, le 3 juillet; mais ce travail fut presqu'aussitôt abandonné.

Le grand bâtiment que l'on aperçoit maintenant, est l'entrepôt de la manufacture du *Tabac-légal*.

Nous voici arrivés près du pont d'Iéna; nous laisserons courir les Gondoles et les Accélérées, et même les coucous, s'ils le peuvent, pour monter la rampe de Chaillot, et jouir d'un des plus jolis points de vue, si nombreux sur Paris.

Avant de porter les yeux autour de nous, le Voyageur saura qu'à l'endroit où nous sommes, se trouvait une autre maison religiéuse, l'abbaye de Sainte-Perrine de Chaillot. Les chanoinesses qui l'habitaient étaient de l'ordre de Ste-Geneviève; elles étaient en même tems voilées comme des Carmélites, et aumucées comme des chanoines. Cependant les plus jeunes et les plus jolies trouvaient encore le moyen, malgré ce double rempart, de faire voir leur attrayante figure et de faire admirer leur gracieuse tournure.

Cette maison a disparu entièrement, et cet emplacement, qui jouit d'un si admirable point de vue, devait nécessairement être l'objet d'une foule de projets. La république a eu les siens; puis l'empereur Napoléon voulut y faire construire un magnifique palais pour son fils, roi au berceau et mort proscrit à l'âge de vingt-un ans. Ce palais devait être construit en marbre blanc d'Italie ; des blocs énormes avaient déjà été amenés, et les constructions marchaient rapidement ; mais la restauration arriva, tout fut arrêté et même détruit. Les blocs de marbre ont servi depuis aux sculptures et aux divers monumens élevés sous cette restauration. Après l'expédition de 1823, en Espagne, on voulut élever à cette même place, un monument consacré à perpétuer la gloire de cette campagne, et qui aurait porté le nom de *Trocadéro*.

En attendant que ce plateau

reçoive une destination définitive, voyons autour de nous et complétons nos souvenirs. A nos pieds, un peu à droite, tout près de la barrière de Passy, voyez ce grand bâtiment, d'une si lourde construction et d'un extérieur si peu agréable : c'est tout ce qui reste du couvent des Bons-Hommes; et sans ce couvent, peut-être aurait-on oublié tout-à-fait le village de Nijon, en latin *Nimio*. A ce même endroit, les ducs de Bretagne possédaient, au xive siècle, une maison de plaisance, nommée le *Manoir de Nijon*, ou *Hôtel de Bretagne*. Gui, duc de Bretagne, comte de Penthièvre, y mourut en 1331. Marie de Bretagne, fille de Châtillon, posséda cette maison en 1360, et l'apporta en mariage à

Louis, duc d'Anjou, frère de Charles V. Cet hôtel, ou manoir, qui appartenait encore en 1427 au duc de Bretagne, fit partie des biens que le roi d'Angleterre donna au comte de Salisbury; mais il paraît que cette donation n'était que viagère, car après la mort du comte de Salisbury, le duc rentra en possession de ses biens.

Anne de Bretagne, femme du roi Charles VIII, ayant reçu ce manoir de ces ancêtres, le destina à l'établissement d'un couvent de Minimes, en y ajoutant un autre hôtel contigu, qu'elle acheta en 1496, de *Jean de Cérisy*, bailli de Montfort-l'Amaury, et qui dépendait de la seigneurie d'Auteuil. Il y avait dans cet hôtel une chapelle nommée

Notre-Dame de toutes Grâces, et qui était en grande vénération par rapport aux nombreux miracles qui s'y opéraient. Cette chapelle donna son nom et ses reliques à la nouvelle église que fit construire la reine Anne, pour le couvent qu'elle venait de fonder. Elle hérita sans doute aussi du don de faire des miracles avec quelques perfectionnemens.

Ce couvent fut le premier de cet ordre établi à Paris et aux environs, et ses véritables fondateurs furent un pénitencier de Notre-Dame, nommé *Jean Quentin*, et le principal du collége de Montaigu, *Michel Standoncht*, et les six premiers religieux qui s'y établirent furent envoyés par saint François de Paule. *Jean Quentin* voulut, par son testament, que son cœur fût déposé dans une chapelle de l'église du couvent. Cette volonté fut exécutée dans la chapelle Sainte-Anne, et la pierre funéraire portait l'inscription suivante :

Cy gist au bas de ce pilier
Le cœur du bon pénitencier,
Maistre *Jean Quentin* sans errer,
Qui de ce couvent bienfacteur
Fut, et de l'ordre amateur.

Cette église avait encore des sépultures fort remarquables. C'est dans ce couvent que les Minimes imprimèrent leur *Cérémonial*, livre curieux et fort rare. Leur bibliothèque était nombreuse et les livres avaient une grande valeur. Elle était placée sur l'emplacement d'une galerie qui fut détruite par le feu du ciel dans le même tems qu'Henri IV assiégeait Paris.

Voyez au-desssous du pont d'Iéna une petite île qui semble le joindre au pont de Grenelle; c'est l'île des Cygnes. On l'appelait autrefois par corruption *l'île Maquerelle*, et elle servait au lavage des tripes que l'on apportait des boucheries, pour être ensuite distribuées aux tripiers. On y faisait aussi de l'huile de tripes, qui fut employée, pendant un certain tems, aux réverbères et aux lanternes de Paris.

Vers le xve siècle, cette île fut aussi appelée *les Mottes de Sanmonière*, parce que, vers ce tems, la rivière cessa de séparer l'*île des Vaches* de celle des *Treilles*; on les distingua encore long-tems après; mais la séparation finit par se combler naturellement et par les travaux qui y furent faits. Depuis la première révolution, plusieurs projets voulaient destiner cette île à l'établissement d'un hôpital général pour la ville de Paris, afin d'abattre entièrement l'Hôtel-Dieu, et aérer enfin le quartier de la Cité et ses environs. Il est probable que de tous ces projets aucun ne sera exécuté.

Maintenant, promenez vos regards sur le magnifique panorama que vous avez devant vous. Vos yeux vous en diront plus que je ne pourrais le faire, surtout si vos souvenirs vous rappellent les divers épisodes du Champ-de-Mars, ceux de la plaine de Grenelle, avec leurs revues, leurs grandes manœuvres et leurs exécutions militaires. Cherchez : vous verrez l'endroit où le brave et malheureux Labédoyère paya de sa tête son dévouement à l'empereur, et où il fut fusillé par des soldats qui, peut-être, l'avaient suivi à la victoire.

Nous sommes environnés ici de maisons de santé. Celle du docteur Pinel est tout près. On se rappelle que cette maison fut autorisée à recevoir des détenus politiques dont la santé se trouvait altérée par le séjour infect des prisons de Paris.

Le village de Chaillot fut réuni à la ville de Paris en 1659, sous le nom de faubourg de la Conférence. Il a donné naissance à Jean-du-Housset, reclus du

Mont-Valérien, et qui devint fameux en prédisant à Henri III et Henri IV leur fin tragique.

L'historiographe de France, Mézeray, y avait une maison de campagne. Il voulait s'y faire enterrer; il avait même donné la description du mausolée qu'il voulait qu'on lui élevât. C'était un obélisque posé sur un piédestal, orné de bas-reliefs, et sur le fût de l'obélisque devaient être gravés des livres ayant pour titres : *Anecdotes*.

Je n'ai pu découvrir encore pourquoi on a donné aux habitans de Chaillot le nom d'*Ahuris*, ni la cause de leur antipathie pour les Cailloutins, avec lesquels des rixes, qui ressemblèrent quelquefois à des batailles, ont eu lieu.

Nous pouvons maintenant descendre la rampe et nous diriger vers Passy par la petite barrière.

CHAPITRE II.

Passy — Ses Eaux minérales — Le Devin de village — Franklin — Béranger.

Le village de Passy est tout nouveau, et c'est peut-être à ses eaux minérales qu'il doit son existence. Ses eaux, déjà connues en 1658, par un médecin nommé *Le Givre*, ne furent bien appréciées et analysées qu'au commencement du xviiie siècle. De nouvelles sources furent découvertes en 1719, et la Faculté de médecine en ordonna l'examen. C'est à l'abbé *Le Ragois* que l'on doit cette découverte, et il est parvenu à connaître la propriété de ces eaux en faisant des expériences sur celle du puits de sa maison.

Passy a été parfois habité par des hommes célèbres. L'immortel Franklin y avait fixé sa résidence, et c'est dans une rue qui porte encore son nom qu'il avait monté une imprimerie, dont les presses servirent si bien la cause de l'indépendance de son pays et la liberté en général. Pour plus de détails sur sa vie, voyez *la Science du Bonhomme Richard,* augmentée de Notices et de Réflexions, publiée par KLEFER en 1830. 1 vol. in-32. On se rappelle que J.-J. Rousseau y composa le *Devin de village.* Béranger, le poète du peuple, y vint chercher une retraite, qu'il abandonna pour aller à Fontainebleau, et de là sur les bords de la Loire, aux environs de Tours, où il réside maintenant. O vous dont il a charmé les loisirs par ses chants sublimes, brûlant d'un feu tout patriotique, et qui avez mêlé votre voix à la magie de ses refrains, si vous passez devant la maison qu'il habita, vous ne lui refuserez pas un salut. C'est dans la rue Basse, n° 22, au deuxième étage. L'appartement est des plus modestes. C'est là cependant qu'il nous révéla la prophétie de Nostradamus; c'est de là qu'il adressa ses conseils aux Belges, qu'il publia enfin son dernier recueil d'odes, qu'il appelle des chansons.

CHAPITRE III.

Le château de la Muette — Le Rennelagh — Le bois de Boulogne — La forêt de Saint-Cloud — Notre-Dame de Boulogne — Maisons de plaisance.

En reprenant la grande rue, nous arrivons bientôt à la porte du bois de Boulogne, que nous traversons. A notre droite, se trouve l'ancien château de la Muette. Ce nom de *Muette* est une corruption de *Meute*, que l'usage a fait adopter. C'était autrefois une maison royale de plaisance où le Roi allait de tems en tems passer un jour ou deux. Des tableaux de *Vander-Meulen* représentant des siéges, des batailles, ornaient le vestibule. Ces tableaux font maintenant partie du Musée de Versailles. Les jardins de cette maison étaient très-étendus et fort bien dessinés. La Faisanderie, qui se trouvait à l'extrémité, n'existe plus : les bâtimens qui en dépendaient ont été en partie vendus et détruits ou affectés au service des gardes actuels du bois.

Le château lui-même fut vendu, et après avoir passé entre les mains de plusieurs propriétaires, il sert actuellement à un établissement médical, connu sous le nom d'*Institut orthopédique*, où l'on corrige les difformités de la taille, et où l'on répare les ouvrages que la nature a manqués. Heureusement qu'un pareil établissement n'existait point chez les Troyens, car nous n'aurions peut-être pas eu Ésope.

Voici devant nous le Rennelagh, si connu et si fréquenté par les modistes, les grisettes et les commis-marchands de la rue Saint-Honoré. Les parties fines se succèdent sans relâche, dans ce temple du plaisir. Il est inutile de dire que tout concourt à donner à ce lieu enchanteur tout l'attrait qui y fixe la foule depuis si long-tems. Que de couples amoureux s'y sont donné rendez-vous, s'y sont enivrés de plaisir, de volupté et de vin de Champagne! Le duel n'y vint-il pas aussi régler ses chances meurtrières, et plus souvent encore éteindre sa fureur à l'aspect d'un bon déjeuner? Le misanthrope dégoûté de la vie, l'amant trahi, rebuté, l'ambitieux aux espérances déçues, le joueur ruiné, déshonoré, et d'autres fous y vinrent enfin dépenser leur dernier écu, avant d'aller, non loin de là, demander à la corde, au fer ou au feu, la fin des maux qu'ils n'ont pas eu le courage d'endurer. Suivons l'allée qui est devant nous, et ne nous égarons point dans les fourrés, car nous pourrions peut-être voir suspendu à un arbre, un de ces fruits que Diogène aurait voulu voir croître sur tous les arbres ; nous pourrions aussi déranger des personnes occupées à méditer sur le livre de la Genèse, et à suivre les préceptes qu'il prescrit.

Pour connaître l'origine de Boulogne il faut remonter jusqu'aux siècles auxquels, entre Paris et Saint-Cloud, il n'y avait que le village de Nijon. Ce village était suivi d'une forêt dont le nom était *Roveritum*, par altération de *Roboretum*, et qui par la suite fut appelée la forêt de Saint-Cloud, parce qu'elle s'étendait presque jusqu'au pont de ce bourg. Le village de Boulogne existait déjà depuis longtems, que le bois s'appelait encore le *Bois de Saint-Cloud*, puis la *Forêt de Rouvret*, de *Roveritum*. Ce n'est qu'en 1417 et depuis, qu'il prit le nom qu'il porte encore.

Ce bois est fort connu des botanistes pour l'herborisation et la recherche des simples, et cela depuis très-long-tems. Avant la première revolution, les *Dé-*

monstrateurs du jardin du Roi y conduisaient leurs élèves. Leurs démonstrations étaient divisées en sept pour les cantons qu'ils avaient à parcourir. La première se faisait au bois de Boulogne et au Mont-Valérien. Les élèves attendaient leurs professeurs au Pont-Tournant à Paris.

Les premières maisons qui furent bâties dans la forêt de Saint-Cloud, formèrent un hameau qui fut nommé Menus-lès-Saint-Cloud. A mesure qu'on établit des paroisses dans la campagne, les différens cantons de cette forêt furent partagés entre les deux plus voisines, qui étaient Auteuil et Villiers-la-Garenne. Dans la partie du territoire attribuée à Auteuil, fut compris Menus-lès-Saint-Cloud, ainsi que le terrain sur lequel fut bâtie, au xiiie siècle, l'abbaye de Longchamps. Mais comme Saint-Cloud se trouvait plus rapproché du hameau des Menus, son nom y fut ajouté. On trouve ce nom dans les lettres datées du Vivier en Brie, au mois de février 1319, par lesquelles le roi Philippe-le-Long donne aux habitans de Paris et des environs qui avaient été en pélerinage à Notre-Dame de Boulogne-sur-Mer, la permission de faire construire une église aux Menus, et d'établir une confrérie entr'eux, avec la clause expresse que le Prévôt de Paris, ou un de ses délégués, serait présent aux assemblées qu'ils tiendraient. Ce qui détermina ces pélerins à choisir cet endroit, fut que deux d'entr'eux, *Girard de la Croix*, scelleur au Châtelet, et *Jean* son frère, donnèrent un terrain de cinq arpens qui leur appartenaient, pour y bâtir l'église. *Jeanne Repentie*, abbesse de Montmartre, qui était Dame du lieu, leur donna aussi des lettres d'amortissement. L'église fut bâtie en moins de dix ans, et comme elle le fut sur le modèle de celle qui avait été le terme du pélerinage des Parisiens, elle fut appelée Notre-Dame de Boulogne-sur-Seine. En 1343, elle fut érigée en paroisse par Foulques de Chanac, évêque de Paris, et le hameau des Menus fut ainsi démembré d'Auteuil. *Guillaume-Michel de Tours* parle de cette église dans ses poésies, et du pélerinage qu'il y fit en 1516. Cet édifice est d'une fort belle construction et est bien conservé. On y reconnaît la noble mais simple élégance de l'architecture du xıv^e siècle. Il serait à désirer qu'elle fût dégagée des baraques et des méchantes constructions qui l'entourent; espérons que le conseil municipal de cette commune, si riche et qui possède tant de ressources, fera un sacrifice réclamé de toutes parts, en faisant de la place du *Parchamp*, l'une des plus belles des environs de Paris.

Le nom de la Confrérie étouffa peu à peu celui des Menus, et il finit par le faire oublier tout-à-fait. On disait d'abord, *Boulogne-la-Petite*, et cent ans plus tard, on ne dit plus simplement que *Boulogne*. On trouve à ce sujet, dans une vieille chroni-

que, que ce fut à *Boulogne-la-Petite* qu'un célèbre cordelier, appelé *frère Richard*, revenu depuis peu de Jérusalem, prêchait avec tant de succès dans la petite église de ce village, qu'on allait en foule de Paris pour l'entendre. Un jour entr'autres, il fit un si beau sermon, que peu d'instans après le retour de ceux qui y avaient assisté, on vit plus de deux cents feux allumés dans les rues de Paris « dans lesquels
» les hommes brûlaient tables,
» cartes, billes, billards, boules;
» et les femmes les atours de
» leurs têtes, comme *bourreaux*,
» truffes, pièces de cuir et de
» baleines, leurs cornes, leurs
» queues (1), etc. » L'abbé

(1) Noms que l'on donnait aux objets de la toilette des dames de cette époque.

Cœur, et autres éloquens prédicateurs de nos jours, malgré leurs brillans succès, n'ont pas sans doute encore autant de puissance oratoire que le frère Richard, puisque nous n'avons pas encore vu de feux de joie composés des instrumens de plaisirs et des ornemens de nos élégantes contemporaines. Cela peut venir : espérons : Mesdemoiselles Essler, Javureck, Duvernay et autres, ont déjà leurs chaises à Notre-Dame de Lorette, et font, dit-on, partie de quelque pieuse congrégation.

Maintenant le village de Boulogne est un des plus populeux des environs de Paris. Outre l'ancienne église, il possède une chapelle française, fondée par l'abbé Auzou en 1831. Le riche banquier, baron Rotschild, y possède une magnifique maison de campagne, dont les ornemens intérieurs peuvent être considérés comme autant de chefs-d'œuvre.

Les demoiselles de Boulogne forment la majeure partie de la population; on en compte plus de deux mille, et les deux tiers sont en chambres, c'est-à-dire, libres et indépendantes.

CHAPITRE IV.

Le Pont de Saint-Cloud — Nogent — Saint-Cloud — Le Moûtier de Saint-Cloud — Vertu des Eaux — Collégiale — Le Château — La Galerie — Le Parc — La Cascade — La Maison de Jean de Gondi — Celle de Du Tillet — Montre-Tout — La Lanterne de Diogène — La pièce de Canon — La Grille de Ville-d'Avray.

Le pont de Saint-Cloud existait en 1218, et il y avait des moulins dessus. En 1307, il était si vieux, que le Roi permit aux h bitans de lever un droit pour son rétablissement. L'admodiation de ce droit, pour deux ans, faite à *Jean de Provins*, s'élevait à 360 livres. Différens auteurs de l'*Histoire de Charles VI*, parlent de la prise de ce pont par les Armagnacs, et de la reprise par les Bourguignons. Il paraît qu'en 1411, il était en partie de bois, et qu'on y avait construit une forteresse sur toute sa longueur. Le roi Henri II le fit rebâtir tel que nous le voyons, à ses dépens, en 1556. Sully rapporte, dans ses mémoires, que la province de Normandie contribuait à son entretien. Voici un conte que l'on débite sur l'entrepreneur de ce pont : « Le diable lui apparut un jour, et s'engagea de l'achever, sous la condition que l'entrepreneur lui livrerait le premier qui y passerait. Il paraît qu'il était plus malin que le diable, car il lança un chat devant lui, qu'il chassait à coup de pierres, et ce chat fut le salaire du diable. »

Les petites *Annales de Saint-Cloud*, aux années 1525, 1568, 1590, 1591, parlent d'évènemens qui seraient arrivés sur ce pont. Naguère encore, on parlait beaucoup des filets de Saint-Cloud, pour tous les cadavres que la Seine venait y déposer, ainsi qu'une foule d'objets avariés; mais la Morgue aujourd'hui va chercher sa proie ailleurs, et elle réussit.

Nous voici arrivé à Saint-Cloud. Cette petite ville, théâtre de tant d'évènemens, s'appelait autrefois *Novigentum*, Nogent-sur-Seine; mais S.-Cloud

(Clodoald), l'un des fils de Clodomir, roi d'Orléans, et petit-fils de Clovis et de sainte Clotilde, s'y étant retiré pour éviter les persécutions de ses oncles, et même la mort, la vie sainte qu'il y mena, et les miracles qu'il y fit, donnèrent lieu à divers établissemens qui s'y formèrent insensiblement, et ce bourg prit le nom de ce prince, qui en fit présent à l'église de Paris. Il paraît que cette ville lui était échue à la mort de Childebert, dans le changement de la distribution des terres. Saint Cloud y avait fait construire un moûtier, sous l'invocation de S.-Martin, et dans lequel il se renferma avec quelques autres religieux, après s'être rasé lui-même la tête.

Les évêques de Paris jouirent

long-tems du droit d'exiger des habitans de Saint-Cloud, le jour de S.-André, autant de taille qu'il leur plaisait. C'est Charles IV qui les avait condamnés à ce droit coutumier.

La bonté de l'air qu'on y respire, et celle des eaux, invitèrent les habitans de Paris à y avoir des maisons de campagne. Cette fantaisie n'est pas nouvelle. Les huit colonnes de marbre qui ornaient l'église, témoignent qu'elle a été l'objet de grandes munificences. Les eaux avaient, dit-on, la vertu de guérir les écrouelles; mais il paraît que le tems a détruit cette vertu, et effacé le nom de ceux qu'elle a guéris, car on ne les trouve nulle part. Le Voyageur ne sera peut-être pas fâché de savoir ce que rapporte l'abbé de Bœuf à ce sujet : « Il y a un os du doigt de S.-Cloud, enchâssé dans un reliquaire de cristal, soutenu d'un pied de vermeil doré, émaillé et ancien, que l'on porte en procession les premiers mercredis du mois. On trempe cet ossement en forme de croix dans l'eau, que l'on bénit pour les malades, dont l'oraison se trouve dans le propre de la collégiale, imprimé en 1702. »

Le monastère bâti par saint Cloud a été sécularisé depuis, et devint la collégiale dont nous venons de parler. Les huit colonnes formaient le mausolée du saint Patron, élevé au-dessus du crypte qui se trouvait sous l'église. Ce mausolée fut abattu par les Huguenots. Les reliques du saint étaient placées dans une châsse de cuivre dorée, enrichie de pierreries, avec deux figures d'argent en relief aux deux bouts, qui le représentaient.

Dans cette église, on remarquait une chapelle au côté droit du chœur, qui a pour patron S.-Michel. Au milieu, une colonne torse, d'un marbre rouge très-précieux, que le duc d'Épernon fit ériger pour y déposer le cœur de Henri III. On assure cependant qu'il n'y fut jamais, et qu'on l'enterra dans le chœur, à un endroit où il était défendu de marcher.

Henriette-Anne-Stuart, et *Philippe de France, duc d'Orléans*, son mari, y furent enterrés ; l'inscription d'Henriette fut mise aux dépens *d'Anne d'Orléans*, duchesse de Savoie, et reine de Sardaigne, sa fille.

La seigneurerie de S.-Cloud fut érigée en duché-pairie, en faveur de *François de Harlay*, archevêque de Paris, et de ses successeurs. Les lettres sont datées du 7 avril 1674. On y désigne en même tems les terres que l'on incorpore à celles de Saint-Cloud, pour qu'il ait le nombre obligé de paroisses pour former un duché-pairie. Ces terres sont: Maisons - sur - Seine, Creteil, Ozoir, La Ferrière en Brie, et Armentières, sur la rivière d'Ourcq, près de Meaux.

Le château de Saint-Cloud appartenait au duc d'Orléans, prince du sang. Il fut bâti sur les dessins de Le Pautre. Le terrain sur lequel il est élevé, était auparavant occupé par trois maisons particulières, dont Monsieur, frère du roi Louis XIV, fit l'acquisition. On arrive à cette royale résidence par une avenue bordée par quelques jolies maisons. D'un côté, le théâtre, élevé par M. Sévestre, et exploité par la troupe de ses fils; et de l'autre, le confortable et élégant restaurant de Legriel, et plus loin, une caserne, habitée en même tems par de l'infanterie et de la cavalerie.

On entre d'abord dans une avant-cour, que l'on appelle la demi-lune. Ensuite, on passe dans la grande cour du château par un des angles. Cette entrée est d'une irrégularité qu'il n'a pas été possible de corriger; car, outre que l'on voulait conserver la vue sur la rivière, il s'est rencontré un escarpement qui rendait la chose impraticable. Le château est un grand corps de bâtiment, avec deux ailes en retour, flanquées l'une et l'autre par un pavillon.

L'intérieur était décoré d'une foule de tableaux, que Louis-Philippe vient de faire placer dans le Musée national de Versailles. Les trumeaux de la galerie portaient la plupart des vues des résidences royales qui forment, dans ce Musée, la collection des *vieux châteaux*. Ces vues sont au nombre de vingt-six : Chantilly, Villers-Cotterets, le Raincy, Sceaux, le Plessis, Vaux-le-Villars, le Palais-Royal, Saint-Germain-en-

Laye, Clagny, les Tuileries, Saint-Denis, le Luxembourg, Fontainebleau, Vincennes, le Château neuf de Saint-Germain, Versailles, Blois, Morimont, Maisons, le Val, le Pavillon de Saint-Cloud, Versailles, du côté de l'orangerie, et Chambord. Les autres appartemens étaient aussi fort richement décorés et meublés. Les divers événemens qui se sont succédés depuis cinquante ans, ont amené, dans l'intérieur de ce château, bien des changemens. On se rappelle que le conseil des cinq-cents y tenait ses séances, et que le général Bonaparte vint les clore *de par son épée*.

Il vint l'habiter, ce château, le front ceint de la couronne impériale; puis nos bons amis, *les al-*

liés, à leur tour, campèrent dans son parc. Louis XVIII après eux, y passait une partie des étés. Enfin, Charles X y assista, du haut de la terrasse, au renversement de son trône, et là il commença son acte d'abdication.

Les jardins du château de Saint-Cloud sont d'une belle irrégularité. Le Nôtre les avait dessinés et fait exécuter avec tout l'art qui l'a rendu célèbre comme architecte de jardins. Des changemens successifs les ont fait changer d'aspect, et leurs beautés n'y ont rien perdu.

Le parc est spacieux. En entrant par la grille qui donne sur la place, à la tête du pont, on suit une fort belle allée, remarquable par la hauteur des arbres et leur belle venue, et l'on arrive bientôt en face de la cascade. Telle que nous la voyons aujourd'hui, elle est l'ouvrage de l'architecte *Mansard*. Le groupe de sculpture qui la couronne est de *Adam* l'aîné. Son effet d'eau est admirable.

Plusieurs maisons religieuses existaient à Saint-Cloud : c'étaient notammeut les Ursulines et une communauté de prêtres.

Le duc d'Orléans, frère de Louis XIV, y avait fait établir un hôpital dit de la Charité, qui était desservi par des sœurs grises. On y remarque aujourd'hui une maison de santé que le Gouvernement fit construire pour que les blessés de juillet vinssent y passer le tems de leur convalescence.

La maison de plaisance qu'on

anciennement la plus considérable, était celle qui, en 1572, fut bâtie par *Jérôme Gondi*. Elle était tout-à-fait sur la hauteur. C'est dans cette maison que Jacques Clément vint assassiner Henri III. Après la mort de Gondi, elle fut possédée par quatre évêques de Paris, de la même famille, sans être cependant la maison seigneuriale du bourg. On parle des jardins de cette maison « qui étaient d'une
» grande étendue, et estimés
» pour les grottes qui s'y voient,
» et pour les fontaines, dont
» l'eau fait jouer plusieurs ins-
» trumens : qu'en outre, il y
» avait quantité de statues de
» marbre et de pierres, des par-
» terres, compartimens, bor-
» dures, carreaux, allées cou-

» vertes, et un bois fort frais en
» été. » Le même auteur parle
aussi d'une maison de mademoiselle Du Tillet « qui, disait-il,
» était plus belle et merveilleuse
» encore. » Cette maison des
Du Tillet, qui était située au
bas de Saint-Cloud, fut celle où
logea Henri IV le jour de la mort
de Henri III, où il prit le deuil
et où il fut salué roi de France
par plusieurs seigneurs. Cette
maison a enfin donné son nom
à une allée du parc qui sépare
les deux effets d'eau.

Montre-Tout est le lieu le
plus élevé de Saint-Cloud. On
écrivait primitivement *Mont-Restor*, qui venait de *Mons-Restauratus*.

La pierre de Saint-Cloud est
très-propre à layer.

On cite aussi comme curiosité de l'art les *descentes* tournantes de la maison de M. de Saint-Amand. Ensuite les caves royales pratiquées sous la ville et coupées par les rues.

Le Voyageur me permettra, après l'avoir conduit dans la petite ville de S.-Cloud, à qui Béranger promet un maire issu de race royale, de le ramener dans le parc et de le guider au sommet de cette belle allée escarpée qui se trouve vis-à-vis l'une des plus belles façades du château. Nous voici arrivés près de ce monument qui sert de base à une lanterne, que les uns appellent de Démosthènes, je ne sais trop pour quelle raison, et les autres de Diogène, sans doute par allusion à celle avec laquelle ce philosophe cynique cherchait un homme en plein jour, sans avoir pu réussir à le trouver. On monte dans l'intérieur de ce monument en payant une légère rétribution au gardien, par un escalier en spirale ; et, arrivé dans la lanterne, on peut contempler un des plus beaux panorama du monde. On voit Paris dans toute son étendue, ses milliers de monumens, ses dômes, ses tours et ses innombrables clochers. Voici la Butte Montmartre avec ses moulins et son télégraphe ; au-dessous l'arc de triomphe élevé à la première armée du monde, et dont la masse surpasse, par ses colossales proportions et par son ingénieuse et savante construction, tout ce que l'antiquité grecque ou romaine nous offre de plus gigantesque. Plus loin les Buttes Saint-Chaumont, que les élèves de l'Ecole Polytechnique, cette poule aux œufs d'or de Napoléon, avaient transformé en nouvelles Thermopyles, et ils moururent avec tant de gloire. Voyez-vous le P. Lachaise? Voilà le château de Vincennes, cette fameuse prison d'État, ce redoutable arsenal des armées françaises, qu'un soldat mutilé, par sa ferme et patriotique volonté, conserva en présence d'un million de baïonnettes. La vue se perd ensuite dans l'espace où la Marne vient se joindre à la Seine, au pont de Charenton. Sur la gauche de la Butte Montmartre, voyez la Seine serpenter en allant se perdre à Saint-Denis, et former l'un de ses cent brusques détours. A droite de nous voilà Sèvres et son île sur la Seine, où l'un des plus riches capitalistes de notre époque fit élever une coquette maison de campagne; voyez! ne dirait-on pas la demeure d'une fée? Enfin trouvez quelque part une vue plus belle que celle que nous avons sous les yeux, et vous courrez long-tems; un volume tout entier et trente-deux fois aussi fort que celui que vous avez entre les mains, suffirait à peine pour la décrire.

Si vous voulez maintenant voir de plus près les objets que nous venons d'apercevoir, descendons. Au pied de la lanterne, un brave ouvrier, tous les dimanches, au lieu d'aller au cabaret, vient braquer une pièce de canon sur chacun des objets les plus attrayans de ce superbe point de vue. Rassurez-vous, Mesdames, cette pièce de canon n'est point un instrument de destruction; au contraire, elle rapprochera de vous ce que vous avez distingué à peine : vous y reconnaîtrez même la maison que vous habitez, si elle est en vue, et votre mari, s'il est en partie dans le bois de Boulogne ou dans les environs. Mais aussi, avis au lecteur......

Poursuivons maintenant notre route, puis arrêtons-nous à la grille de Ville-d'Avray; nous y trouverons un agréable repos, de frais ombrages, et une restauration tout-à-fait confortable.

La grille de Ville-d'Avray est

fort connue de la fashion, des grands amateurs de promenades champêtres, et tous ceux qui sont venus visiter l'établissement qui se trouve là, ne l'ont point quitté sans s'être promis de revenir le plus souvent possible, aussi c'est justice : rien de charmant comme le jardin dans lequel sont distribués, çà et là, une multitude de petits bosquets, de cabinets de verdure d'une structure rustique et pittoresque, des kiosques, etc. Toutes ces petites fabriques sont ombragées par des arbres d'une hauteur immense et de la plus belle venue. Ce sont des maronniers, des sycomores, des platanes, des ormes, etc. On y est entouré de fleurs de tous côtés. Joignez à ces agrémens naturels le gracieux accueil qui vous est fait à l'envi par une bonne famille bien réjouie, empressée à vous servir avec une recherche et une célérité qu'on ne rencontre pas toujours à Paris. Puis, des mets délicieux apprêtés avec une rare propreté, et, pour vous rafraîchir, des vins de première qualité, de toute espèce, et surtout bien francs. Puisque nous sommes à la campagne, ce sont des mets champêtres qu'il nous faut. Essayez d'un *lapin sauté du père Diot*, vous m'en direz des nouvelles. Cela ne vous empêchera pas de mettre à l'épreuve ses talens dans l'art culinaire du genre le plus relevé. Tous les *Rogers-Bontems du camp de Boulogne*, du *Caveau* et du *Café Montensier*, y sont venus et s'en sont bien trouvés. Désaugiers y chanta « *Quand on est mort c'est pour long-tems.* » Armand-Gouffé, « *Francs buveurs que Bacchus attire.* » Eugène de Pradel y improvisa son *Boristhène*, et Émile Debraux y vint composer son *Fanfan la Tulipe*.

Je ne vous parlerai pas des parties fines qui s'y sont faites : à cet égard je serai aussi discret que les aimables hôtes du lieu ; car ici tout est muet, bosquets, cabinets, tables, bancs de gazons, les arbres même ne parlent pas. Les oiseaux seulement se font entendre, mais c'est pour vous inviter au plaisir et vous réjouir : il en est un cependant dont les chétifs accens déplaisent à tous les maris, mais les autres lui font la chasse ou bien étouffent ses cris dans les flots de leur joyeuse harmonie.

Nous pouvons maintenant nous remettre en route, et si le Voyageur est content, il fera comme tous ses devanciers à la chaumière du père Diot, il reviendra encore une autre fois.

CHAPITRE V.

Ville-d'Avray — Sa vieille Eglise — La Fontaine du Roi — Le Village — La Vallée — La Butte de Picardie.

Ville-d'Avray est un village dépendant autrefois du doyenné de Châteaufort, après avoir été un hameau de la paroisse de Sèvres. Il se trouve immédiatement après la sortie du parc de Saint-

Cloud. L'ancienne église, dont il serait difficile de retrouver aujourd'hui la trace, était un monument du xive siècle, dont saint Nicolas était le patron. Une inscription qui se trouvait placée dans l'intérieur, apprenait qu'elle appartenait aux Célestins de Paris, qu'elle leur avait été léguée en 1430, par *Milon de Dangeau*, doyen de Chartres et chanoine de Paris, pour le repos de son âme et de celle de son frère Robert de Dangeau.

La nouvelle église, vous la voyez au milieu d'un paysage vraiment digne du pinceau d'un grand maître; l'Italie n'a rien de plus beau dans ce genre. Toutes ces jolies maisons de campagne, bâties sur le revers d'une montagne, encadrées dans des massifs de verdure, couronnées de fleurs, semblent rangées avec une combinaison artistique et pittoresque pour produire un coup-d'œil enchanteur, admirable par un soleil levant, plus admirable encore par un soleil couchant. Mais le hasard seul est venu en aide à l'art et à la nature. Amateurs de jolis paysages, prenez votre album et venez à Ville-d'Avray, vous aurez de belles pages à copier, et vos esquisses seront empreintes de la poésie de ce beau site.

Tout-à-l'heure je parlais de la qualité des vins que l'on boit à la grille du parc, maintenant j'ai à indiquer au Voyageur une fontaine qui donne l'eau la meilleure des environs de Paris, et la seule que l'on servît autrefois sur la table des rois de France. Voyez ce petit bâtiment dans l'enfoncement d'une rue, eh bien, c'est là ! La fontaine est renfermée ; mais en descendant quelques marches, vous trouverez un robinet qui vous fournira de cette eau pour vous désaltérer.

Le village de Ville-d'Avray est remarquable par sa propreté, par l'élégante simplicité des maisons ; sa petite place est bien ; l'église est d'une belle construction. La mairie est tout près, ainsi que l'école communale.

A l'extrémité du village, à gauche, voyez la Chaumière où, le dimanche, la jeunesse se rassemble et vient danser au son du violon, qu'accompagne le cornet à piston obligé.

Suivons cette belle vallée qui coupe la forêt de Versailles; la route est délicieusement ombragée, et les deux pièces d'eau que nous voyons à gauche y entretiennent une agréable fraîcheur. Si le soleil se trouvait un peu trop ardent, le voyageur pourrait la quitter et prendre une des allées à gauche, en ayant soin, pour ne pas s'égarer, de se diriger toujours vers l'ouest.

La Butte de Picardie est cette éminence qui domine Versailles à l'est. La vue dont on y jouit sur la ville, n'est pas fort avantageuse et ne donnerait qu'une faible idée de la résidence royale favorite de Louis XIV, si elle n'était déjà connue d'avance. C'est sur la Butte de Picardie que les habitans de Versailles viennent, les jours de réjouissances publiques, à Paris, pour voir le feu d'artifice qui, dit-on, de là produit un fort bel effet.

Avant d'arriver à la grille de la ville, nous avons un réservoir qui reçoit les eaux de la Machine de Marly et qui les distribue dans les divers quartiers, au moyen des nombreuses fontaines que l'on y a construites.

A côté de ce réservoir se trouve une propriété à laquelle se rattachent des souvenirs historiques fort intéressans. Elle appartient à M. Chevallier.

La ville de Versailles voulait faire l'acquisition de cette propriété pour y établir un cimetière unique; mais les réclamations et les observations de beaucoup de citoyens recommandables, soutenues dans un écrit de M. *De Reboul-Berville*, paraissent avoir fait renoncer à ce projet.

Maintenant, cher Voyageur, vous voilà dans la ville, et je vous abandonne, en vous conseillant de vous procurer le *Nouveau Guide du Voyageur à Versailles, Trianon et Marly*, qui se trouve chez KLEFER, imprimeur, Avenue de Picardie, n° 11 (1). Puis je vous reprendrai

(1) Cet ouvrage, formant un volume de 128 pages, vous indique tout ce qu'il faut voir dans Versailles et ses environs, la marche à suivre pour bien visiter le Musée, et un grand nombre d'Hôtels et de Restaurateurs où vous pourrez aller vous réconforter à des prix modérés, ainsi que les Bureaux où se trouvent les voitures, les heures de départ et leurs prix. Il ne vous coûtera que 40 centimes.

à votre départ pour vous reconduire aux portes de Paris, par une route qui vous offrira de nouvelles jouissances. En attendant, suivez l'Avenue de Picardie, et voyez à droite et à gauche de jolies maisons et des jardins qui la borde. Vers le milieu à droite se trouve le boulevard de la Reine, qui se prolonge jusqu'à Trianon. A l'extrémité de cette avenue, au carrefour de Montreuil et où commence l'Avenue de Saint-Cloud, est une propriété ayant appartenue à madame de Pompadour. La principale façade est sur l'Avenue de Paris. Plus loin à droite est le Collége royal. Ses superbes bâtimens étaient d'abord destinés à une communauté de chanoinesses augustines, et ils ont été construits à cet effet par la munificence de la reine Marie-Leczinska, femme de Louis XV. L'église surtout, qui se trouve au fond de la cour, est remarquable par sa forme élégante. Lors de la révolution, les chanoinesses firent place à une infirmerie militaire, qui fut remplacée à son tour par une succursale des invalides. Enfin, en 1804, le Collége y a été installé et cette nouvelle destination est la seule qui lui convenait et qui en fût digne.

Ce Collége est l'un des mieux tenus de toute la France : il est célèbre tant par les élèves remarquables qui en sont sortis, que par les talens et le mérite des professeurs, dont plusiurs ont un nom illustre dans la littérature et les sciences. Je citerai seulement

M. Anot, auteur des *Élégies Rhémoises*, des *Lettres d'Icilius*, qui ont produit tant d'effet sous la restauration, et de beaucoup d'autres ouvrages d'un rare mérite.

Vis-à-vis du Collége, une superbe maison attirera vos regards. C'est aujourd'hui l'un des meilleurs pensionnats de tous les environs de Paris. En 1777, M. Dupoix, chef du Gobelet du Roi, fit construire le principal corps de bâtiment sur le terrain dont il avait obtenu la concession de sa royale pratique, et les deux ailes furent élevées sous le consulat. En 1800, M. Belin de Ballec, célèbre helléniste, membre de l'Académie des inscriptions et belles-lettres, donna à cette maison le nom de Gymnase, en y fondant une maison d'éducation, qui jeta un grand éclat, mais qu'il ne dirigea pas longtems, ayant été appelé auprès de l'empereur de Russie, pour se charger de l'éducation des princes ses fils. Sous la restauration, ce local continua de servir à l'instruction de la jeunesse, tour à tour ayant été occupé successivement par les dames de la congrégation de N.-D., par une institution anglaise et par l'association paternelle des chevaliers de S.-Louis, à laquelle le Gouvernement l'acheta en 1831 pour y établir les sourds-muets. Ce projet ayant été abandonné, la propriété fut remise en vente en 1833, et adjugée à M. Laugier, qui y a établi un pensionnat qui jouit d'un grand succès, qu'il mérite sous tous les rapports.

Retour.

CHAPITRE VI.

Avenue de Paris. — Madame Dubarry. — Viroflay. — Chaville. — Son château.

Eh bien! cher Voyageur, vous avez vu le Musée national, vous restera-t-il encore quelque attention pour ce que j'ai à vous montrer sur la route que nous allons parcourir?

Cette Avenue de Paris est bien digne du palais élevé par

Louis XIV! Tout s'y ressent de la majesté de ce royal séjour. Devant nous les bois de Meudon, qui prêtent leur ombrage au Parisien venant du faubourg Saint-Germain; à droite et à gauche de grands et somptueux hôtels qui témoignent de la splendeur passée de Versailles. Plusieurs de ces hôtels sont actuellement des casernes. Celui où vous voyez des dragons, fut habité par les gardes-du-corps qu'a si spirituellement caractérisés mademoiselle Mars. Cette illustre comédienne passait un jour devant ces *jolis soldats*, qui la voyant, firent entendre hautement son nom avec une insolente indiscrétion. Celle-ci se retourne fièrement, et leur dit avec la dignité que vous lui connaissez : « Qu'a de commun Mars avec des gardes-du-corps ? »

La première propriétaire de cet hôtel fut la fameuse Dubarry. La vie scandaleuse de cette célèbre courtisane est trop connue pour que je prenne la peine d'en entretenir le Voyageur. Il s'arrêterait plutôt devant cette superbe maison de campagne que l'on voit à gauche avant d'arriver à la grille de l'avenue. C'était la maison de plaisance de madame Elisabeth, belle et innocente victime sacrifiée aux fureurs révolutionnaires. Quel contraste! Là, la plus dégoûtante orgie personnifiée de Manon Vaubernier; ici les plus nobles, les plus saintes vertus, sous les traits d'une jeune et jolie femme; et cependant le même sort leur était réservé à toutes deux ! Heureusement que la vertu n'attend de récompense que d'elle-même, et qu'en elle seule, elle trouve sa force et son courage; car après cela elle n'aurait plus qu'à s'exiler de la terre. D'ailleurs, la civilisation fait tous les jours des progrès; le règne des courtisanes est passé, et quand même nous aurions la douleur d'en voir une venir effrontément s'asseoir sur le trône, elle n'aurait plus aucun pouvoir sur les destinées du pays, qui en aurait bientôt fait justice.

Le premier village que nous trouvons en sortant de Versailles, est Viroflay, qui était anciennement une dépendance du doyenné de Châteaufort. Son nom lui vient par corruption de Ville-Offlen, du seigneur de la terre où il est situé, qui s'appelait *Offlenus;* mais on ignore le tems où il existait.

Viroflay n'était d'abord qu'un hameau de la paroisse de Montreuil, et il fut érigé en paroisse, en 1546, à cause des mauvais chemins que produisait le terrain humide de la côte de Montreuil.

L'église n'a rien d'ancien ni de remarquable; elle a pour patron S. Eustache : l'Abbaye-au-Bois ou du Val-de-Grâce, lui était redevable d'une dîme consistant en une certaine quantité de grain, qui était offerte chaque année au pied de la croix de Giry, près de Bièvre. Le château, qui appartenait en fief à la famille Aymery, changea successivement de propriétaires, en perdant chaque fois de ses dépendances, ce qui le réduit actuellement à fort peu de chose. On l'estime à 80 mille francs. Il est dans une fort belle position ; mais les autres maisons de plaisance que nous voyons de tous côtés dans la campagne, lui ont enlevé l'attention des voyageurs.

La route est superbe, et à chaque instant elle varie ses points de vue. Ces trottoirs qui la bordent de chaque côté, et qui garantissent les piétons des accidens occasionnés par les voitures, sont dus à la sollicitude de M. Aubernon, Préfet du département, qui les fait entretenir dans le bon état où nous les voyons.

On ne s'aperçoit plus maintenant de la distance qui sépare Viroflay de Chaville : d'élégantes constructions ont comblé cette distance. Chaville est nommé dans les titres latins *Caput-Villæ*; quelques auteurs l'appellent *Chadi-Villa*, ou *Juchadi Villa*; enfin, au XIIIe siècle, il était nommé *Cuti-Villa*.

On sait généralement que Henri IV avait un château à Chaville, et son ministre Sully, un pavillon. N'allez pas prendre pour ces deux résidences, une maison ornée de deux colonnes à sa façade, qui se trouve à droite de la route, en entrant dans le village, et la maison de campagne qui est en face.

La première est la caserne de la gendarmerie, et l'autre une propriété particulière.

Le pavillon de Sully se trouvait plus loin, sur l'emplacement à gauche, qui domine la route qui descend assez rapidement à cet endroit. Le pavillon existe encore, et le groupe de maisons qui l'entoure est occupé par une fabrique de carton.

Le château de Henri IV était situé en face, de l'autre côté de la route, tout-à-fait dans le fond, et comme à l'entrée d'une carrière qui n'existait probablement pas alors ; car cette demeure royale aurait plutôt ressemblé à une caverne de voleurs.

Le château de Chaville, proprement dit, a été bâti de fond en comble, par le marquis de Louvois, qui dirigea lui-même les travaux du parc. Ce ministre avait acheté plusieurs terres, afin de lui donner toute l'étendue qu'on lui a connue. Ce château fut réuni au domaine de la couronne, par l'achat qu'en fit le Roi, pour le joindre à Meudon.

Le sol de Chaville est assez froid, ce qui rend son séjour fort agréable pendant l'été. Cette fraîcheur est entretenue par les bois qui l'entourent.

L'église est petite, et sous l'invocation de Notre-Dame. Elle fut construite par les soins de M. Le Tellier, dont elle porte encore les armes à son frontispice. Santeuil a publié l'éloge de ce chancelier, dans des vers latins. Ce poëme est intitulé *la Nymphe de Chaville*.

La plupart des habitans sont blanchisseurs.

CHAPITRE VII.

Sèvres — Son Eglise — La Fontaine de Saint-Germain — Le Château seigneurial — La Manufacture de Porcelaine — L'ancien Pont de bois — Le nouveau.

Sèvres tire son nom d'nn petit ruisseau, qui fut aussi appelé *Marinel*, et qui vient du côté de Montreuil et de Chaville, pour se jeter dans la Seine, qui baigne cette commune. L'histoire est muette sur son antiquité.

L'église, qui est sous l'invocation de saint Romain, est un monument du XIIIe siècle. Sa position, dans un renfoncement au-dessous de la route, lui donne un aspect très-pittoresque. La nef seulement est moderne. Derrière cette église, on remarque une fontaine dont la source est dans l'église même. Elle s'appelle la *Fontaine de Saint-Germain*, parce qu'à l'endroit où elle va se jeter dans la Seine, elle servait de limite à la pêche de l'abbaye de Saint-Germain-des-Prés.

Le château seigneurial se trouvait un peu plus bas que l'église, vers le midi. C'était un édifice carré, entouré de fossés ; à l'un des coins était une tour carrée aussi, qui formait presque tous les logemens, et qui se terminait par le haut en espèce de donjon un peu écrasé. C'était une construction du xve siècle. A l'entrée, qui portait les armes de

Longueil, on lisait cette sentence, gravée sur le marbre : *Animas colentium se Deus, rem et domum tuetur.*

La manufacture royale de porcelaines est connue du monde entier; ses admirables produits figurent sur la table de tous les Rois de l'univers.

Cette manufacture appartient au domaine de la Couronne, et ses produits sont offerts en présens aux souverains et aux princes étrangers avec lesquels le Gouvernement est en relation. C'est un établissement que chacun est admis à visiter, surtout quand on est étranger. L'éloge des porcelaines de Sèvres est aujourd'hui superflu, et il ne peut s'exprimer que par l'admiration qu'excitent ces petits chefs-d'œuvre qui en sortent tous les jours.

Tous les ans, à la fête communale de Sèvres, l'entrée de la manufacture est ouverte au public, et les plus jolies pièces sont exposées à la curiosité avide des amateurs. Une exposition a également lieu au Louvre, et l'on y remarque des objets de fantaisie d'une valeur inappréciable, qui attestent que cette manufacture est unique au monde, et qu'elle ne peut avoir de rivale. Les vitraux y ont été essayés ; ils ont parfaitement réussi ; les artistes ont prouvé que cette industrie n'a jamais été perdue, et que quand on voudra, elle reproduira les merveilleuses verrières que nous admirons dans les grandes églises.

Le pont de bois, qui n'existe

plus depuis quelques années seulement, avait vingt-une arches, et était séparé dans sa longueur par une île, connue aujourd'hui sous le nom de *l'île Séguin*, et que nous admirions du haut du parc de Saint-Cloud, dans la lanterne de *Démosthènes*. L'architecte Perrault avait projeté d'en construire un autre, également en bois, mais d'une seule arche de trente-trois toises de diamètre. Il devait être composé de dix-sept assemblages de pièces de bois, lesquels, posés en coupe l'un contre l'autre, devaient se soutenir en l'air par la force de leur figure géométrique.

L'histoire rapporte un fait assez extraordinaire, arrivé au commencement de l'année 1707. Un parti, composé d'environ trente hommes seulement, mais presque tous officiers, rôdait, divisé en plusieurs groupes, aux alentours, dans le but d'enlever quelque prince, entre Paris et Versailles. Le 24 mars, entre six et sept heures du soir, ils aperçurent, sur le pont de Sèvres, un carrosse à six chevaux, aux armes et avec la livrée du Roi. C'était son premier écuyer, Jacques Louis de Beringhem, qu'ils prenaient pour le dauphin. Ils donnèrent le signal convenus entr'eux; leurs petits détachemens se réunirent; ils joignirent le carrosse à l'entrée de la plaine, et l'écuyer fut enlevé en un instant. On ne sut cette aventure que par le retour de ses gens, qui, eux-mêmes, avaient été retenus pendant assez long-tems.

Ce parti fut rejoint le lendemain, près de Ham, en Picardie. »

Parmi les simples que le célèbre Tournefort découvrit à Sèvres, on remarque le *lichnis silvestris*, très-commun dans les carrières de Sèvres; il l'y a trouvé à fleurs doubles; puis le *cepra* ou *sedum* et autres.

CHAPITRE VIII.

Le Point du Jour — Auteuil — La Maison seigneuriale — L'Église — Notice sur Gendron — Sépultures — Le Vin d'Auteuil — Les Eaux minérales — Le Pont de Grenelle.

La plaine qui sépare Auteuil de Sèvres, se peuple d'un nombre considérable de maisons de campagne et de fabriques, et les quelques maisons appelées *le Point du Jour*, formeront bientôt un village avec une grande population. Ce nom de *Point du Jour* vient d'un duel qui eut du retentissement sous le cardinal de Richelieu, et qui fut aussi funeste au vainqueur qu'au vaincu. Les deux champions s'étaient donné rendez-vous à cet endroit, qui n'est que très-peu éloigné du bois de Boulogne, et là ils devaient attendre le point du jour, qui allait éclairer la perte et la mort de tous deux.

Cet endroit dépend de la commune d'Auteuil, et n'en est pour ainsi dire pas séparé. La seigneurerie de ce village était anciennement possédée par l'abbaye du Bac, qui l'échangea, vers l'an 1109, avec l'abbaye de Ste Geneviève de Paris, pour des fiefs et autres revenus que cette dernière abbaye possédait à Vernon et dans un autre endroit appelé en latin *Gamilliacum* ou *Carmilliacum*. L'acte d'échange fut confirmé par le roi Louis-le-Gros, et par le roi d'Angleterre Henri Ier, alors duc de Normandie. La maison seigneuriale avait été rebâtie et augmentée par les abbés de Ste Geneviève, pour en faire leur maison de campagne. Mais la révolution l'a fait passer en d'autres mains, et elle se trouve actuellement perdue dans une foule d'autres jolies maisons, qui font d'Auteuil un séjour vraiment enchanteur.

L'église consacrée à la sainte

Vierge, était un monument du xiie siècle. On admirait la tour du clocher, bâtie en pierre, et qui se termine en pyramide alongée, d'une forme octogone.

Cette église a été singulièrement restaurée et modifiée; on n'y reconnaît plus le vieux monument du moyen âge. L'intérieur est richement orné et mérite d'être vu. Parmi les anciennes sépultures, on remarque celle du président de la chambre des comtes, Antoine-Nicolas Nicolaï; puis, dans la chapelle, à côté du chœur, celle de *Gendron,* sur laquelle est une inscription latine, gravée sur une plaque d'airain, attribuée à Le Beau, secrétaire perpétuel de l'Académie des inscriptions et belles-lettres.

Claude Deshais Gendron

était issu d'une illustre famille de la Beauce. Il fit d'excellentes études, après lesquelles il se livra tout entier à celle de la médecine. Après avoir été reçu docteur dans la Faculté de Montpellier, il fut successivement médecin du duc d'Orléans, frère de Louis XIV et de son fils. Il fut très-célèbre comme médecin, et il eut des liaisons habituelles avec les grands hommes de son tems, entr'autres Boileau, qu'il venait voir souvent à Auteuil. Après la mort de cet illustre poète, il acheta sa maison, et vint s'y établir, pour jouir d'une retraite qu'il désirait depuis long-tems. On parle beaucoup dans le pays de sa bienfaisance, et des secours qu'il répandait abondamment sur tous les pauvres. Il mourut dans cette maison, à l'âge de 87 ans, en 1750. Un jour Voltaire étant allé rendre visite à M. Gendron, fit cet impromptu sur sa maison :

C'est ici le vrai Parnasse
Des enfans d'Apollon :
Sous le nom de Boileau, ces lieux virent
[Horace;
Esculape y paraît sous celui de Gendron.

La femme du chancelier d'Ormesson fut enterrée dans le cimetière de cette paroisse, au milieu des pauvres, comme elle l'avait voulu par son testament; son mari, l'une des gloires de la haute magistrature, fit son épitaphe. Lui-même, à sa mort, vint la rejoindre; et en 1753, les d'Aguesseau les firent inhumer, pour les placer à l'entrée occidentale du cimetière, et leur élever un magnifique tombeau en marbre.

Beaucoup de personnages célèbres ont habité Auteuil, et la maison de Boileau s'y conserve avec un soin tout religieux.

Auteuil était autrefois un vignoble fort renommé, et son vin était en grande considération. On en envoyait jusqu'en Danemarck, et pour marquer l'estime qu'on en faisait alors, les chanoines de Sainte-Geneviève n'en vendaient qu'à des évêques. Ceux de N.-Dame en gratifiaient leur église, afin que du revenu, il fût fait, le jour de leur anniversaire, après leur mort, *un repas à quatre services*. C'était, comme on le voit, de fort bons vivans que les chanoines de Notre-Dame.

Comme Passy, Auteuil a des

eaux minérales, mais elles furent long-tems négligées ; cependant on remarque que dès le XIIIe siècle, on se servait de la fontaine qui s'y trouve pour désigner un canton de ce village : ce ne fut qu'au commencement du XVIIe siècle que l'on se rappela ses propriétés et que l'on en fit usage.

Ces eaux minérales, comme celles de beaucoup d'endroits aux environs de Paris, indiquent assez que le sol renferme des mines qui pourraient être avantageusement exploitées.

Auteuil n'est séparé du bois de Boulogne que par le mur d'enceinte, et l'entrée y est animée par des établissemens champêtres qui la rendent très-fréquentée dans la belle saison.

Pour venir dans Auteuil nous avons dû nécessairement quitter la grande route de Paris; nous allons la reprendre et nous nous trouvons de nouveau sur les bords de la Seine, à la tête du pont de Grenelle. Ce pont touche à la pointe de l'île des Cygnes, sert avantageusement à communiquer avec la plaine de Grenelle, et donne aux rives un aspect des plus animé.

En approchant de Passy, voyez ce bel amphithéâtre! n'y a-t-il pas de quoi remplir l'album le plus volumineux d'une foule de jolis croquis?

Nous voici de retour au point d'où nous sommes partis, et je vous laisse, cher Voyageur, en vous invitant à revenir à Versailles par une autre route. Vous verrez de nouvelles choses et de nouveaux points de vue. D'un autre côté vous n'avez pu tout bien voir au Musée de Versailles, et en le quittant vous vous êtes promis de revenir une autre fois. Ainsi donc, au revoir.

IIᵉ voyage.

CHAPITRE I.

Cimetière de Clamart — Vaugirard — La Seigneurie de Saint-Lambert — Dictons populaires — Vin de Vaugirard.

Il arrive quelquefois que des noms de villages ont été transportés dans Paris sans qu'on en sache bien la raison. Le nom de Clamart a été donné autrefois à une croix, dans le faubourg S.-Victor, et ce nom a passé à un cimetière appartenant à l'Hôtel-Dieu de Paris. De manière que dans le langage vulgaire, on disait que tous les corps morts de l'Hôtel-Dieu étaient tous portés à Clamart. La croix de Clamart fut quelquefois appelée la *Croix de Dormans*, parce que la famille des De Dormans avait dans cet endroit une maison de plaisance du tems de Charles VI; et comme les seigneurs de cette maison avaient fait à Clamart tant d'acquisitions, qu'on les qualifiait aussi de seigneurs ou sires de Clamart, de là vient que la même croix et le même canton prirent le nom de Clamart. Ce cimetière est actuellement fermé, et il est remplacé par celui du sud, près la barrière du Mont-Parnasse.

En suivant la route de Vaugirard, on passe devant l'Hôtel des Invalides, et l'on jouit de la vue de la belle façade de son église, couronnée de son beau dôme doré. Ce portail est encore de Mansard. Il a 30 toises de large sur 50 d'élévation jusqu'au sommet du dôme. On retrouve là, dans cette ordonnance, la main, le bon goût et le savoir profond des artistes de cette époque.

Plus loin, à peu de distance, voilà l'École-Militaire, fondée par un édit du mois de janvier 1751, pour l'éducation de cinq cents gentilshommes. Une partie de la garnison de Paris occupe depuis long-tems déjà les bâtimens que nous apercevons,

Vaugirard est un village qui se trouve au haut de la plaine de Grenelle, et dont la seigneurie principale appartenait anciennement aux moines de l'abbaye de Saint-Germain, qui y avait la haute justice. Ce village ne consistait d'abord que dans une rue assez longue, et son nom lui vient de Girard-de-Moret, qui fut abbé de Saint-Germain au XIIe siècle. Il y avait fait bâtir une maison pour les moines convalescens de son abbaye, et il y fit ajouter une chapelle à leur usage. Ce village dépendait alors de la paroisse d'Issy, qui est à peu de distance de là; mais elle fut érigée en paroisse en 1342, par l'intervention de Simon de Bussy, le même qui donna son nom à une rue et un carrefour du faubourg Saint-Germain ; cette érection le fit regarder comme fondateur de cette paroisse, ainsi que Nicolle, son épouse.

La chapelle, devenue paroisse quelque tems après sa construction, était placée sous le patronage de la sainte Vierge; mais dans le siècle suivant, il s'y forma une dévotion à saint Lambert, évêque de Maëstricht, sans doute à cause de quelques reliques de ce saint, que l'on conservait encore à l'époque où éclata la première révolution. Saint Lambert est donc regardé comme le second patron de Vaugirard; et lors de la fête qui arrivait tous les ans le 17 septembre, une foule considérable y accourait de toutes parts, et remdait l'église trop petite. C'est de là que vient le dit-on populaire : *C'est la saint Lambert, qui quitte sa place la perd.*

Les sablonières de Vaugirard contiennent une quantité considérable de fossiles et de coquillages. Les vins que l'on cultive dans ses environs, ainsi qu'autour de Paris, sont comme ceux de Bretigny : ils ont la réputation de faire *danser les chèvres*. Voici comment on explique cet autre dicton populaire. Dans la commune de Bretigny, il y avait un habitant nommé *Chèvre*. Il prenait plaisir à s'enivrer, et dans son ivresse, il se plaisait à danser et à faire danser sa famille ; puis, lorsqu'on les voyait en danse, on disait : *Le vin fait danser les Chèvres.*

CHAPITRE II.

Vanvres — François Ier, seigneur de Vanvres — Le Château — Vues dont on y jouit — Fête de l'Epée — Contestations au sujet de cette fête — Sa suppression — Clamart.

DE Vaugirard, nous nous dirigerons sur Vanvres, et nous laisserons Issy à notre droite. Vanvres vient du latin *Vanvœ, Vanna, Vanviœ, Vanva*, que l'on trouve dans divers titres anciens. Ce village a été ainsi nommé pour avoir servi anciennement de retraite aux pêcheurs de la Seine ; car *Vanna* ou *Bonna*, en vieux langage français, signifiait *pêche*. Une vieille chronique rapporte que pour tourner en ridicule la longue kyrielle de titres fastueux qu'étalait avec affectation l'empereur Charles-Quint, François Ier, en lui faisant quelque réponse, ne se servait jamais que de la qualification de *Roi de France, Seigneur de Gonesse et de Vanvres*. Le beurre que fournissait ce village, était jadis fort estimé.

Le château, qui a échappé au vandalisme de la révolution, est dans une situation des plus heureuses. Il fut bâti en 1698, pour le garde du trésor royal, le sieur *de Montargis*, sur les dessins de Mansard. Lorsque le duc de Bourbon fut nommé surintendant de l'éducation du Roi, en 1718, il acheta la seigneurie et le château de Vanvres, pour lui servir de maisons de plaisance, dans un tems où son assiduité auprès du prince ne lui permettait plus d'aller souvent à Chantilly. Dans les derniers tems de la monarchie de Louis XVI, mademoiselle de Bourbon en faisait sa maison de récréation, et un de ses grands plaisirs était de donner de petites fêtes aux habitans du village.

Ce château, qui domine les environs, étant bâti sur une éminence, est entièrement isolé, et consiste en un grand corps de logis double de 14 toises de face sur 8 de haut. L'architecte, cette fois, n'a pas eu recours aux ordres grecs ou romains pour décorer l'extérieur; sa structure est simple, belle, et en le voyant on ne désire aucun des ornemens qui auraient pu l'enrichir.

La vue dont on jouit dans ce superbe château, de quelque côté que l'on regarde, n'a de bornes que celle d'un horizon fort éloigné. Si vous portez les yeux vers le sud-est, vous voyez Paris dans toute son étendue, et à mesure que vous tournez vers la gauche, vous voyez successivement la Butte Montmartre, les Champs-Elysées, Auteuil, le Bois de Boulogne, les hauteurs de Courbevoye et le Mont-Valérien; vous voyez ensuite les châteaux, les jardins et les parcs de Saint-Cloud, de Meudon et d'Issy; puis enfin on voit le large canal de la Seine serpenter majestueusement au milieu du plus beau paysage et de la plus riche campagne du monde.

L'avenue qui conduit à ce château, a deux cent toises de long sur seize de largeur, et est formée par quatre rangées d'ormes. Autour du bâtiment, au niveau de la cour, règne une superbe terrasse de deux cent seize toises de longueur, sur vingt de largeur.

Il y avait très-anciennement à Vanvres une fête assez singulière, que l'on appelait la *Fête de l'Epée*. On la célébrait le jour de la Trinité. Ce jour-là on proposait un prix pour la course qui devait se faire en commençant à la porte d'Enfer (qui se trouve aujourd'hui la place Saint-Michel), et se terminer à la porte de Vanvres. Le prix adjugé au coureur qui arrivait le premier à cette porte, était une épée d'une valeur considérable. On fut obligé d'abolir cette fête, parce qu'elle devenait chaque année un sujet de querelles et de batteries entre les concurrens. Avant cette suppression, il y avait eu une contestation assez vive entre l'abbaye de Sainte-Géneviève et les habitans de Vanvres au sujet du signal que l'on devait donner pour commencer cette course. Les chanoines de Sainte-Geneviève prétendaient jouir de ce droit en leur qualité de seigneurs temporels de Vanvres, et comme en en ayant la possession depuis très long-tems. Les habitans alléguaient d'autres raisons pour infirmer le prétendu droit des chanoines, et établir le leur. Après beaucoup de débats, cette affaire fut arrangée par un accord que *Jean de Boret*, alors abbé de Sainte-Geneviève, passa avec eux en 1342.

Vanvres est très fréquenté par les Parisiens, qui y trouvent tous les agrémens que l'on recherche quand on habite la ville. L'église est une des plus anciennes des environs de Paris; son patron est saint Remi, que l'on fête le 13 janvier, jour du décès de ce saint.

De Vanvres, nous nous dirigerons sur Clamart, dont le cimetière se trouve à une lieue et demie de distance, je ne saurais vous dire pourquoi. Le territoire de Clamart est fort étendu; il touche d'un côté à Bièvre, et va jusque sous les murs du parc de Meudon. Nous aurons soin cependant de nous diriger toujours sur la droite, afin d'arriver à Meudon. Ce qu'il y a de remarquable à Clamart, sont les maisons de campagne, et sur le haut de la montagne, la vue générale de Meudon, de ses environs, du château et du parc.

CHAPITRE III.

Meudon—L'église—Rabelais—Le château—Son érection en maison royale—Carrières de Meudon—Maisons religieuses—Description du château—Madame de Pompadour—Bellevue—Sa position—Son état actuel—Le bois de Meudon.

Meudon se trouve presque dans le fond d'un vallon, sur la partie de la côte qui regarde le sud-est. Il passe au bas de la vallée un petit ruisseau qui n'a point de nom et qui fait tourner quelques moulins avant de se jeter dans la Seine.

L'église est d'une construction qui rappelle l'époque qui a succédé à celle de la renaissance; elle est de 1570. Elle fut d'abord consacrée à saint Martin; mais les habitans lui ont adjoint un deuxième patron, qui est saint Blaise. Le dauphin, fils de Louis XIV, ayant échangé sa terre de Choisy-sur-Seine contre celle de Meudon, voulait d'abord témoigner sa piété envers saint Martin, patron du lieu; il fit orner l'église de très-belles tapisseries, et offrit le pain béni.

Quelques curés de Meudon sont devenus célèbres. Nous citerons particulièrement Rabelais, que *Jean Ursins*, vicaire général de l'évêque de Paris, tira du chapitre de Saint-Maur-des-

Fossés, pour lui donner cette cure, sur la démission simple de Richard Berthe. Les lettres de provisions, qui sont datées du 18 janvier 1550, mettent : *Francisco Rabelais, Clerico, Doctore medico, Turonensis, Diœcesis.* Antoine Le Roi, chanoine de Sens, qui a écrit sa vie, rapporte qu'il fut fort exact à instruire ses ouailles, et qu'il se plaisait à enseigner le plain-chant, qu'il possédait parfaitement; que sa maison était ouverte à tout le monde, excepté aux femmes; qu'il y rassemblait souvent des savans pour s'entretenir avec eux, et que les malheureux y trouvaient du secours dans sa bourse; qu'il était d'une si sévère intégrité, que jamais on ne l'a trouvé manquer de parole à personne; que ses connaisances en médecine le rendirent doublement utile dans sa paroisse. On a vu pendant très-long-tems sur la porte du presbytère ces deux vers qui faisaient allusion aux différens états de sa vie.

Cordiger hinc Medicus, tum Pastor et
[*intus obivi:*
Si quæras nomen, te mea scripta do-
[*cent.*

Mais il y a lieu de douter d'une partie de ce que le biographe ajoute. Il paraît, par les registres de l'évêché de Paris, que Rabelais n'exerça jamais les fonctions curiales par lui-même. Il n'est qualifié que de simple clerc du diocèse de Tours, dans la démission qu'il fit de cette c re, le 9 janvier 1552, après l'avoir gardé deux ans comme titulaire. Il ne mourut point à Meudon, ainsi que quelques auteurs l'ont rapporté, mais à Paris, rue des Jardins-Saint-Paul, et il fut inhumé dans le cimetière de la paroisse, en 1553.

Meudon appartenait d'abord à la veuve du marquis de Louvois, qui vendit cette terre à Louis XIV; et comme Mlle d'Orléans de Montpensier avait légué au dauphin, en 1691, sa belle maison de Choisy-sur-Seine, le roi l'échangea pour Meudon. C'est ainsi que ce château devint maison royale. Le dauphin, à qui le Roi le donna, l'orna de tout ce que l'art peut ajouter aux dispositions de la nature. Il y mourut le 11 avril 1711. C'est ce prince qui a fait construire, à l'endroit où était l'ancienne grotte bâtie par Philibert-Delorme, le château qui existe actuellement, et dont le second étage se trouve de plein pied avec le jardin haut.

Depuis que Meudon était devenu maison royale, ce lieu était favorisé de quelques priviléges, qui consistaient en une foire royale, fixée au 1er de juin.

Meudon est surtout renommé pour le blanc qu'on y fabrique, et pour les belles pierres qu'on appelait à *polir* ou à layer. C'est de ses carrières qu'on a tiré celles qui forment la cimaise du grand fronton de la façade du Louvre. Elles ont chacune 54 pieds de long, sur 8 de large, et 18 pouces d'épaisseur. Avant la fabrication du blanc, plusieurs fours y avaient été établis pour faire de la chaux pour le service des bâtimens du Roi, dans ses maisons royales.

Les Chartreux avaient une ferme à Meudon, appelée *les Moulineaux*, et qui se trouve située sur les bords de la Seine. C'est un legs qui leur avait été fait par *Jean de Meudon*, chanoine de Noyon. Ils y avaient encore un moulin, nommé le *Moulin des Rosiers*, qui leur avait été donné par Bernard Potier, marquis de Blérencourt.

Il y avait aussi un couvent de capucins à Meudon. Ce couvent était, suivant quelques historiens, le premier de cet ordre qu'il y eut en France. Le terrain leur avait été donné par le cardinal de Lorraine, en 1570, et ils tenaient, des libéralités du dauphin, un enclos de trente arpens.

On arrive au château de Meudon par une magnifique avenue de tilleuls, longue de trois cents soixante-dix toises.

C'était sur la gauche en montant qu'était situé le couvent des capucins dont nous venons de parler. Il a disparu entièrement, et sur une partie de l'emplacement qu'il occupait, un restaurant tout-à-fait champêtre, exerce l'hospitalité, si ce n'est plus joyeusement que les capucins, au moins plus proprement et avec une plus copieuse recherche. Une superbe terrasse sert d'avant-cour au château, et de promenade aux habitans. Cette terrasse a coûté des sommes énormes à établir, parce que cette partie de la montagne était hérissée de pointes de rocher et de pierres très-dures, et élevée ensuite de murs énormes, pour soutenir les terres et conserver le niveau. Cette terrasse a cent trente toises de long, sur soixante-dix de large.

La façade du château a quelque chose d'imposant et de majestueux. Elle donne sur une cour et des jardins étagés suivant les accidens du terrain avec beaucoup d'art.

L'intérieur a subi, comme toutes les résidences royales, des changemens continuels. Cependant il faut faire en sorte de pouvoir le visiter, car il est très-curieux.

Les jardins hauts sont magnifiques, et les statues qui le décorent sont nombreuses et des grands artistes de l'époque. Le parc est d'une très-vaste étendue, et ses promenades sont délicieuses.

Nous allons reprendre la belle avenue par laquelle nous sommes arrivés, et nous nous dirigerons sur *Bellevue*. C'était jadis un château que la marquise de Pompadour fit construire sur le haut de la colline qui sépare Meudon de Sèvres. De toutes les maisons de plaisance qui, par l'agrément de leur position, ont mérité le nom de *Beauséjour*, *Beauregard*, *Beauvoir*, ou *Belvédère*, il n'y en avait point qui se pût comparer au château de *Bellevue*. La maîtresse de Louis XV ayant eu un jour l'occasion de passer par cet endroit, fut vivement frappée de l'étendue, de la richesse et de la beauté unique du point de vue qui se présentait à ses yeux. Ce premier aspect peignit d'abord à son imagination fantastique tous les agrémens que l'on goûterait dans une habitation d'où l'on jouirait d'une perspective aussi brillante; mais comment entreprendre de bâtir avec succès sur un sol qui ne présentait de toutes parts que des difficultés presque insurmontables?

C'était en effet un terrain aride, montagneux, ingrat, et difficilement susceptible d'embellissemens. C'est à une femme qu'il faut demander les moyens de vaincre les obstacles; que ne ferait point la maîtresse d'un Roi? A sa voix la nature devait céder aux efforts de l'art. Deux architectes, nommés *De l'Isle* et *De l'Assurance*, la secondèrent dans ses vues, et un rendez-vous fut donné pour, de concert avec elle, prendre les mesures en conséquence.

Elle vint au jour dit, et fut reçue sur un trône rustique formé de cailloutage et de gazon. C'est de là qu'elle expliqua plus particulièrement ses intentions, et qu'elle exposa son projet sur la position des bâtimens et l'ordonnance des jardins.

C'est effectivement une vue magnifique : voyez, du côté du sud, le cours majestueux de la Seine, qui sillonne la plaine de Sèvres, les avenues et les jardins de Meudon, toutes les jolies maisons qui bordent la rivière;

dans l'éloignement, une nouvelle vue de Paris, non moins admirable; puis, en allant vers l'ouest, tous ces jardins, surmontés des bois des cotiniers, et toutes ces belles futaies qui s'élèvent en amphithéâtre. Tournez vers le nord; voyez les jardins et le parc de Saint-Cloud, ainsi que la ville et le château, puis, à nos pieds, l'île Séguin, le beau pont de Sèvres, celui de Saint-Cloud, avec ses filets, et le fleuve qui commence à s'élargir et à couler plus rapidement, pour aller bientôt étreindre de ces deux bras les îles de Puteaux et de Neuilly.

Mais ce qui rend ce point de vue plus admirable encore, ce sont les abords du pont de Sèvres, c'est la grande route de

Bretagne, la même qui conduit chaque jour des milliers d'étrangers à Versailles ; voyez-vous toutes ces voitures qui vont, qui viennent ? les gondoles et les accélérées, qui font assaut de vitesse ; les diligences, qui *brûlent le pavé*, et se perdent parfois dans le nuage de poussière qu'elles soulèvent ; le pauvre coucou, qui a l'air de trotter, mais péniblement, et qui marche à peine ? Puis la Seine, chargée de bateaux qui montent ou qui descendent ; d'autres bateaux, au port de Sèvres, en charge ou en décharge. Est-il, dites-moi, un tableau plus vivant, plus animé, et surtout plus varié ? Ah ! madame de Pompadour s'y connaissait.

Les premiers artistes de l'époque furent mis en œuvre pour décorer intérieurement et extérieurement le château. Le génie pastoral de Boucher surtout, donna un fécond essor à ses champêtres conceptions.

Le bâtiment fut achevé en 1750, et le Roi vint y coucher le 24 novembre de la même année. Mais alors il était encore la propriété de la royale concubine; ce n'est qu'en 1557 qu'elle céda à la prière du Roi, qui désirait en faire l'acquisition.

Ce château fut construit évidemment avec l'argent du peuple, alors taillable à merci. Cependant le Roi l'acheta, sans doute, le prix qu'on en voulait, et le prix en fut payé encore avec l'argent du peuple. Ce n'est pas tout : les plus beaux tableaux qui le décoraient ont été emportés par la première propriétaire, et vendu après son décès. Etonnez-vous donc encore que le peuple ait fait des révolutions? Heureusement les tems ont changés!

Trouvez-moi la place du château de *Bellevue*. Il fut rasé, et toutes les dépendances démembrées et vendues par lots.

Tous les acquéreurs de ces lots y ont fait construire de jolies petites maisons de campagne, et y trouvent un pied à terre vraiment enchanteur. La compagnie qui a mis cette propriété en vente, avait distribué les lots d'après un plan ordonnancé, de manière à conserver à ce *squarre champêtre* toute la poésie que ce lieu comporte. Voyez ces rues formées par deux rangées de petits jardins, qui ont toute la grâce et la coquetterie d'une corbeille de fleurs; elles ont emprunté leurs noms à ces beautés idéales créées par nos plus vaporeux et fantastiques conteurs.

Suivons l'allée principale; elle nous conduira à travers le bois jusqu'à la route pavée qui traverse la forêt de Meudon. Trouvez-vous quelque part une route plus délicieuse que celle-ci? La fraîcheur des ombrages ne porte-t-elle pas dans vos âmes de ces sensations qu'on éprouve avec tant de délices et qu'on ne saurait définir? Au haut de la montagne que nous allons descendre pour gagner Viroflay, arrêtez-vous un instant, et contemplez la perspective que vous avez devant les yeux. Cette coulée, qui se prolonge à perte de vue, ne présente-t-elle pas un coup-d'œil vraiment magique? A notre droite Chaville, la route de Paris, les bois de Ville-d'Avray, et à l'extrémité de la côte, la Butte de Picardie; puis Versailles, et à gauche les bois de Satory, et d'ici là cette superbe campagne si vantée, si animée!...

Cette fois vous me permettrez, cher Voyageur, de vous faire arriver à Versailles par Montreuil. On distingue encore le petit et le grand Montreuil. Le petit borde la grande Avenue de Paris qui le sépare du grand. Les Célestins de Paris étaient autrefois les seigneurs de cette paroisse, et son nom lui vient d'un petit monastère que saint Germain y établit en l'honneur de saint Symphorien martyr. C'est aujourd'hui l'un des faubourgs de Versailles.

L'église nouvelle de Montreuil est dédiée à saint Symphorien. Elle fut bâtie en 1770, sur les dessins de *Trouard*, l'architecte des économats, sur les fonds desquels la dépense fut payée. Sa forme, quoiqu'un peu lourde, rappelle assez bien les temples antiques. Dans les deux niches qui accompagnent la porte, on avait placées deux statues allégoriques représentant la *Foi* et la *Piété*. L'ordre dorique est employé pour la décoration intérieure. Les tableaux que l'on y voit sont de bonnes toiles. Quelques peintures à fresque complètent avec beaucoup d'art la décoration architecturale. Pour en juger tout l'effet, il faut se trouver là de dix heures à midi, lorsque le soleil brille de tout son éclat; en éclairant de ses rayons, l'architecture réelle, celle qui est peinte se confond avec elle, et produit l'illusion la plus complète. Au bas de l'un des bas-côtés de la nef, on remarque un monument en marbre noir, élevé à une comédienne, *morte très chrétiennement*, ainsi que l'atteste l'inscription en lettres d'or. Cette comédienne, née Laubet, fut l'épouse de Trial, qui donna son nom à un emploi à l'opéra comique, que remplit avec tant de succès maintenant Féréol.

La défunte y est représentée, en marbre blanc, soulevant la pierre de son tombeau, et les yeux tournés vers le ciel, paraissant implorer le pardon de ses péchés. Nouvelle Madeleine, beaucoup lui seront remis, car si l'on en croit l'indiscrétion des vers suivans, qu'on lit au bas de son nom, il paraîtrait qu'elle a beaucoup aimé :

Dieu, dans sa clémence infinie,
A pour jamais réglé son sort;
Sans chercher quelle fut sa vie (1),
Songe à l'inexorable mort,
Et pour elle et pour toi, mortel, arrête
[et prie.

Un ange placé dans un nuage au-dessus, vient, en effet, en lui

(1) On a effacé ce vers indiscret et médisant, et on a mis à la place celui-ci :

Pour régler saintement ta vie,

présentant une couronne, lui annoncer *que la miséricorde divine est infinie.*

Je vous quitte de nouveau, cher Voyageur, et je vous attends au bas de Sèvres, pour vous reconduire jusqu'à Paris.

Retour.

CHAPITRE IV.

Le bas Meudon — Issy — Maisons de plaisance — L'Abbaye de Bénédictines — Le Séminaire de Saint-Sulpice — La Plaine de Grenelle — Beau-Grenelle.

Fidèle au rendez-vous, je vous attendais, cher Voyageur, en recherchant la trace du château de Sèvres, dont je vous avais entretenu lors de notre premier voyage. Tout a disparu, et sur l'emplacement se sont élevées de nombreuses maisons de blanchisseurs. Ainsi, ne cherchez pas le vieux château à la tour carrée et donjonnée : elle n'y est plus.

Au bas de Sèvres, nous tournerons à droite, et nous longerons la Seine jusqu'à la ferme des *Moulineaux.* Sur la gauche, avant de quitter Sèvres, on remarque encore les deux pavillons qui formaient la tête de l'ancien pont où fut enlevé M. *Le Premier,* en 17... Plus loin, le port où furent amenés, en 1822 et 1823, les premiers bois de sapin de Suède que l'on emploie tant actuellement dans la menuiserie; puis la verrerie de Meudon, où les ouvriers qui y travaillent, y naissent, y vivent et y meurent; et enfin, les carrières et les ateliers où l'on tire et l'on prépare le blanc connu dans le commerce sous le nom de *blanc d'Espagne*.

Il n'est pas difficile de voir que, dans ce pays, la pêche joue un grand rôle. Tous les marchands de vin étalent et annoncent sur leurs enseignes des poissons de toute espèce et à toute sauce.

Voici la ferme des *Moulineaux*; tournons à droite, puis à gauche, et nous serons bientôt à Issy.

Issy, *Issiacum*. Ce village doit son nom, disent les auteurs anciens, à la déesse *Isis*, qui y avait un temple et un collège de prêtres. L'une des plus belles et des plus anciennes maisons qu'on remarque, appartenait au prince de Conti. Elle avait été bâtie par *Bazin de la Bezinière*, trésorier de l'épargne, et l'un des plus riches particuliers de son tems. Le prince y fit faire des embellissemens considérables et la fit richement meubler.

On remarque encore une autre maison qui eut successivement pour propriétaires, *De Vanholes*, le maréchal *D'Estrées*, et le cardinal, qui y mourut en 1743. Le corps de ce célèbre cardinal resta déposé dans l'église paroissiale d'Issy jusqu'à ce qu'on le transportât dans le tombeau qu'on lui avait préparé dans la collégiale de Saint-Louis du Louvre.

Il y avait à Issy une abbaye de Bénédictines, qui n'avait été d'abord qu'un prieuré, et qui fut ensuite érigée en abbaye par Louis XIV. Elle fut fondée par Françoise-Henriette de la Fontaine. Il paraît que les mœurs un peu relâchées de ces religieuses avaient forcé de disperser la communauté en 1751. Ses biens furent réunis à l'abbaye de Gercy en Brie, pour les religieuses de saint Augustin. Cette abbaye fut remplacée par la communauté des prêtres de saint François de Sales, qui étaient auparavant sur la paroisse de S.-Médard. L'enclos de l'abbaye d'Issy, ainsi que l'église, était fort petit.

La restauration a rendu à S.-Sulpice le séminaire que cette église possédait anciennement à Issy. Le jardin de cette maison est spacieux et en bon air. On y remarque une chapelle bâtie sur le modèle de celle de Lorette, en Italie. Messieurs de S.-Sulpice ne permettaient pas que l'on dît la messe *en perruque* au principal autel de cette chapelle.

Cette maison a appartenu jadis à la reine Marguerite. Le corps de bâtiment du milieu est de son tems; les peintures que l'on y remarquait encore il y a quelques années, étaient à fresque.

Après le sac de l'archevêché, en 1831, M. De Quélen vint se réfugier à Issy, où il attendit que la tempête populaire fût calmée, pour rentrer à Paris.

La plaine de Grenelle est bien changée depuis 1820! La garnison de Paris trouverait difficilement à y faire ses grandes manœuvres et la petite guerre; on chercherait en vain la place où avaient lieu les exécutions militaires ; et si le théâtre élevé par les frères Sévestre n'est pas construit sur l'emplacement où Labédoyère tomba sous quelques balles françaises, c'est le hasard seulement qui ne l'a pas voulu.

Aujourd'hui la plaine de Grenelle est peuplée de fabriques et de manufactures, toutes de constructions qui attestent le talent des architectes. Le nouveau village a signalé sa fondation par le couronnement d'une rosière, cérémonie qui a lieu tous les ans.

Parmi les nouveaux établissemens si nombreux qui formèrent tout d'un coup ce grand et beau village, on en distingue un, destiné à l'instruction publique, qui promet de bons et de nombreux élèves, et qui publie sa nouvelle méthode dans un petit journal hebdomadaire, qui mérite d'être encouragé.

L'église est également toute nouvelle, et sa construction est des plus élégantes.

L'École militaire est tout près, et je vous laisse, cher Voyageur, regagner votre demeure dans la capitale, en vous donnant rendez-vous dans la grande avenue des Champs-Élysées, d'où nous partirons pour commencer notre troisième voyage, qui, pour être plus long, n'en sera pas le moins intéressant.

IIIᵉ voyage.

CHAPITRE I.

Les Champs-Elysées — L'Arc de Triomphe — Neuilly — Sablonville — Madrid — Bagatelle — La Pompe à Feu — Le Parc Saint-James — Le Château de Neuilly — Millevoye — Henri IV — L'ancien Pont — Le nouveau.

Le rond-point des Champs-Elysées était célèbre sous l'Empire, par les salons de *Mars* et de *Flore*. Ces deux établissemens sont à peine connus maintenant; ils ont été détrônés par *Dourlens* et le *Rennelagh*. Le milieu du rond-point devait, sous la Restauration, être décoré de la statue équestre de Louis XV. Les assises étaient faites, ainsi que le piédestal, le cheval même était fondu. Puis, la révolution de juillet passa par là, en allant à Rambouillet, et tout disparut. Le cheval est maintenant celui sur lequel on a enfourché le Louis XIV de bronze qui occupe la place d'honneur du palais de Versailles.

En montant, à gauche, le jardin *Marbœuf*, qui, de propriété du protecteur de Napoléon encore enfant, devint un établissement public, et se divisa enfin pour devenir des propriétés particulières, et à droite, le nouveau *quartier Beaujon*, du nom de son premier propriétaire. C'était une magnifique propriété, qui fut, comme le jardin Marbœuf, un jardin public où l'on donnait des fêtes qui eurent du succès pendant quelques années. On se rappelle de ces montagnes en bois, qui eurent une si furieuse vogue à Paris, sous diverses dénominations, telles que les *Montagnes Russes, Suisses*, le *Saut du Niagara*, etc. Mais comme à Paris on se lasse bien vite de tout, les *Montagnes de Beaujon* s'abaissèrent pour faire place à l'un des plus élégans quartiers de cette capitale. Les Anglais n'ont pas de plus jolis squarres. La barrière de l'Étoile est la plus belle entrée de Paris, et le récent achèvement de l'Arc-de-Triomphe a rendu cette entrée unique au monde.

L'Arc-de-Triomphe a été commencé dans les premières années du règne impérial, pour éterniser la gloire des armées françaises ; et de même que l'antiquité n'a point à nous montrer de gloire plus belle que celle conquise par ces armées, de même nous ne retrouvons point parmi les débris des nombreux monumens qu'elle nous a légués, ceux d'un monument aussi grandiose que celui que nous avons devant les yeux.

A l'époque de la Restauration, cette colossale construction était déjà arrivée à la hauteur de l'imposte du grand archivolte, et il y avait de posé la première pierre qui forme la naissance du cintre. Cela n'a pas empêché que cette construction, qui devait avoir une si majestueuse éloquence, fût vendue pour être démolie. Heureusement que les acquéreurs ne se sont pas empressés de remplir cette clause, le Gouvernement a pu la racheter, et de faire continuer les travaux, dans le but d'en faire un monument à la *Pacification de l'Espagne*, en 1823. Les sculptures n'étaient point encore commencées lors de la révolution de juillet, de sorte que le Roi des Français, qui n'avait point de raison pour proscrire les souvenirs glorieux de l'Empire, ordonna que l'on rendît ce monument à sa première destination. Quant à la description de ce qu'il est maintenant, elle ne peut faire partie de cet Itinéraire; je vous engage donc, ami Voyageur, à regarder et à me suivre.

Devant vous est l'avenue de Neuilly, qui n'était encore, en 1780, qu'un hameau de la paroisse de Villiers-la-Garenne. Aujourd'hui cette paroisse est à son tour une dépendance de Neuilly, devenu un très-fort village, d'une part, et des Batignolles-Monceaux, de l'autre. Elle s'étendait donc jusque sur les bords de la Seine, depuis le Roule, et touchait d'un côté à l'abbaye de Longchamps, tandis que de l'autre elle était contiguë à Clichy-la-Garenne.

Villiers vient du latin *Villare*,

qui est le nom générique, et qui signifie presque la même chose que *Villa*. On le donnait ordinairement autrefois à une portion de terrain, auprès de laquelle se trouvait un chef-lieu dont il était une dépendance : ainsi, Clichy, portait le nom d'un château royal de nos rois de la première race, situé sur les bords de la Seine, et le lieu où demeuraient les serfs, et ensuite les paysans qui y cultivaient les terres, qui servaient les princes à la chasse ou se livraient à la pêche, s'appelait le Villier, *Villare*. Comme il y avait deux Villiers dans le partage des biens de l'abbaye de Saint-Denis, des années 832 et 862, et que l'un des deux était voisin de Belloy, et appelé Villiers-le-Sec, il résulte que celui-ci devait avoir pour surnom la Garenne, par rapport à sa proximité de la forêt de Rouvray. L'abbaye de Saint-Denis en possédait la seigneurie, qui lui avait été donnée par Charles Martel, avec celle de Clichy, qu'elle aliéna par suite des tems, en se réservant seulement celle de Villiers-la-Garenne.

L'église de Villiers-la-Garenne, qui était dédiée à Saint-Martin-de-Tours, n'existe plus. On remarquait comme objets d'arts d'une grande valeur, la boiserie du grand autel, et le tableau des *Disciples d'Emaüs*, qui avaient été donnés par le duc de Bavière, aïeul de l'empereur Joseph II. Ce prince, lorsqu'il s'était retiré en France, avait demeuré sur cette paroisse, dans la maison du père de *Hérault de Séchelles*.

Il est mention dans quelques anciens titres, d'une rue des Orfèvres, à Villiers-la-Garenne. Cela ne signifie pas que cette rue fût habitée par des orfèvres, mais seulement que des officiers de la monnaie de Paris y avaient du bien comme ils en avaient également au Roule. On y a trouvé, en 1744, plusieurs pièces d'or fort curieuses.

Sur notre droite, en s'étendant jusqu'à Clichy, c'était jadis la plaine des Sablons. Elle est bien changée depuis le tems où le *Roi de France* faisait chaque année une revue solennelle des gardes-françaises et des Suisses! Le chemin de fer qui la traverse actuellement va achever du côté de Clichy ce que Sablonville a commencé du côté de la route de Neuilly, en la peuplant d'habitations et d'habitans.

Le parc des Sablons se trouvait en face la porte Maillot, et longeait la route des Barbares, qui va du bois de Boulogne à Saint-Denis. En 1819, une compagnie d'Anglais en avait fait un jardin public, où l'on donnait des fêtes chevaleresques et des tournois; mais cette restauration du moyen-âge n'eut point de succès, et le terrain fut vendu pour créer le joli village de *Sablonville,* où vient de s'établir la Mairie de Neuilly, comme étant le point central de cette vaste commune. Une partie des bâtimens sémi-circulaires qui se trouvaient à l'extrémité nord de l'Arêne de jeux chevaleresques, existe encore, ainsi que les deux tiers de cette Arêne; elle est au-delà de ces deux petites halles que l'on a construites pour un marché qui a été fondé à cet endroit appelé d'abord le *Nouveau Monde*.

Neuilly ou *Nully* n'était encore, ainsi que nous l'avons dit, en 1780, qu'un hameau considérable de la paroisse de Villiers-la-Garenne. Avant qu'il eût été arrêté que le port et la seigneurie de ce lieu seraient dans le lot de l'Abbé de Saint-Denis, ces biens appartenaient au chantre de l'abbaye. La charte qui constate ce fait, ajoute qu'on avait dit anciennement *Port de Luny*; mais le changement des lettres *L* et *N*, qui n'est pas rare dans notre langue, s'était déjà fait sentir dans ce mot, en 1316. En 1383, il n'y avait pas encore de pont en cet endroit. On lit dans les grandes Chroniques de Saint-Denis, qu'en 1373, au mois de janvier et de février, les eaux étaient si hautes, que l'on allait en bateaux depuis la porte Saint-Antoine jusqu'au Roule et au *Port de Nuilly*. En 1518, le roi François Ier y logea. Il n'y avait encore qu'un bac en 1606; mais c'est alors qu'on se détermina à y construire un pont, après que Henri IV, étant dans son carrosse, eut failli y périr avec la Reine, le duc de Montpensier, le duc de Vendôme et la princesse de Conti. De prompts secours ont été portés par *De l'Isle-Roubet* et de *Chastaigneraye*, qui se jetèrent dans l'eau avec leurs manteaux et leurs épées. Avant la première révolution, on remarquait une fleur-de-lys qui se trouvait sur la porte d'une maison sur le bord de la Seine, à Neuilly. La Chronique rapporte que c'était une marque d'honneur que le Roi avait accordée au batelier qui avait le plus contribué à le retirer de l'eau, et qui s'y était rejeté pour retirer la Reine et M. de Vendôme.

Le pont qui fut construit, ne dura que trente-cinq ans : il tomba à l'eau en 1638. Alors, il fallut avoir encore recours aux bacs et aux bateaux. Lorsqu'il fut réparé, la Cour régla les droits de péage que le roi Louis XIII concéda à une demoiselle de *Hautefort,* pour l'espace de trente ans.

Cette concession fut prorogée par Louis XIV, pour l'espace de quarante années, à commencer en 1671, à dame *Marie de Hautefort*, duchesse de Schomberg, qui avait en même tems la jouissance du pont de Courbevoie, ce qui démontre qu'il y avait deux ponts à cet endroit, avant la construction de celui que nous allons traverser.

Avant d'y arriver, nous ferons une petite excursion à gauche, et nous visiterons le Château de Madrid, que François Ier fit bâtir sur le modèle de celui de Madrid, la capitale de l'Espagne. Construit à la tête du bois de Boulogne, qui lui servait de parc, il avait une très-belle vue sur la Seine. La forme de cet édifice était un carré long, et il avait autant de fenêtres qu'il y a de jours dans l'année. Il avait trois étages, sans compter le rez-de-chaussée, au pourtour duquel était une galerie composée d'arcades soutenues par des colonnes accouplées. Ces arcades avaient pour ornement une sorte d'émail, qui, lorsque le soleil brillait, jetait beaucoup d'éclat. Le principal corps de bâtiment était flanqué de deux grands pavillons qui formaient avant-corps. Aux angles de ces deux pavillons, se trouvaient d'autres petits pavillons carrés, et, au milieu, une tour ronde, couverte en dôme, surmonté d'un petit campanille.

Ce château était entouré d'un fossé, et au milieu d'une grande esplanade, aux angles de laquelle on avait pratiqué des guérites en pierre. Louis XV y avait fondé une chapelle royale sous l'invocation de saint Louis, et l'avait dotée du prieuré de la Celle. On cherche encore où était ce château, qui n'est pas, à coup sûr, la somptueuse maison de plaisance des fermiers des jeux de la ville de Paris, et propriétaires de *Frascati*, MM. *Bénazet*, père et fils, qui sont, en même tems, des officiers supérieurs de la garde nationale de Neuilly.

Près de là se trouve le château de Bagatelle, qui appartient à M. Thiers.

C'était un petit château bâti dans l'intérieur du bois de Boulogne, sur le bord de la Seine, presque vis-à-vis le village de Suresne, à quelque distance cependant de l'abbaye de Longchamps, sur le chemin qui conduit de cette abbaye à Neuilly.

La principale porte d'entrée à ce château, est par le bois de Boulogne, près du château de Madrid.

Ce château a été long-tems habité par Mlle de *Charollais*, qui prenait grand plaisir à y donner des fêtes champêtres dans la belle saison, principalement pour les garçons et filles des villages des environs. Ces fêtes se donnaient à l'entrée du bois, devant la porte du château, dans une place qu'elle y avait fait préparer exprès. On a vu, à ces fêtes, des personnages de la première distinction, et Mlle de Charollais, elle-même, ne dédaignait pas d'en faire les honneurs.

Sous la restauration, ce château était la maison de plaisance des enfans de la duchesse de Berry, et presque tous les jours, ils y allaient passer l'heure de l'étude et de la récréation.

Depuis la révolution de juillet, le gouvernement a mis cette propriété en vente, et elle fut adjugée à M. *Thiers*.

Pour revenir au pont de Neuilly, nous traverserons le parc de Saint-James, qui dépendait naguère encore de la propriété de MM. Bénazet. Vous avez visité Bellevue, le quartier Beaujon, Sablonville; n'est-il pas vrai que Saint-James surpasse encore ce que vous avez vu de plus beau? Le romantisme y a fait élection de domicile; vous y voyez beaucoup de bâtimens dont la forme et la structure sont empruntées au moyen âge, et leur intérieur est enrichi de meubles et de petits monumens historiques de cette époque, et celle actuelle y a apporté le tribut riche et brillant de son ingénieuse industrie. Rien de plus coquet, de plus élégant, que ces jolis petits manoirs d'un goût agréablement fantastique. D'autres bâtimens appartiennent, par leur forme, aux diverses époques qui suivirent le moyen âge, mais tous rivalisent de grâces et de prétentions.

En suivant la rue de Longchamps, nous nous retrouvons sur la route de Neuilly, près du pont. Ce pont, l'un des plus beaux qui existent, a été construit peu de tems avant la première révolution, par M. Perronet. Il est admirable par la coupe des arches qui, par leur savantes combinaisons, forment, à quelque hauteur que soit la rivière, une élipse parfaite en se reflétant dans la Seine. Il n'est pas moins remarquable par la grandeur énorme des pierres qui y furent employées; l'une de celles qui forment le parapet, a 34 pieds de longueur; elle est presque polie à force d'avoir été mesurée. Malheureusement, dans un hiver rigoureux, la gelée l'a fendue, et on ne pourrait l'enlever maintenant qu'en deux morceaux.

L'île qui sépare la Seine, et qui passe sous le pont de Neuilly, est toute nouvelle. En 1820, elle fut commencée et continuée les années suivantes, en pêchant du sable dans la rivière et en y faisant les plantations qui la rende si pittoresque. Louis-Philippe, alors duc d'Orléans, fit faire ce travail, pour agrandir l'île de Neuilly, qui s'étend jusque près de Clichy-la-Garenne, et qui se trouve en face le château, l'une des plus belles résidences royales, et la maison de plaisance qu'affectionnait le plus le duc d'Orléans.

Le château n'est pas ancien; il n'est que du dernier siècle. Mais Louis-Philippe, sous la restauration, y a fait des travaux immenses, pour le rendre ce qu'il est aujourd'hui. Le parc et les jardins ne sont pas moins remarquables. Lors du séjour de la cour à Saint-Cloud, sous le règne de Charles X, le duc d'Orléans se plaisait à s'y rendre avec toute sa famille, dans une fort élégante chaloupe, qui se faisait admirer sur tout le cours de la Seine qu'elle parcourait. Des marins sont attachés au personnel de cette résidence, pour la desservir; mais la difficulté et la longueur de sa construction, l'avaient fait appeler l'*Interminable*.

Le château de Neuilly est désormais lié à l'histoire de France, par l'accomplissement de la révolution de juillet. C'est là que Louis-Philippe se trouvait alors, et qu'il attendait, au milieu de sa famille, le succès du grand événement qui devait le placer sur le trône des Français. C'est là qu'une députation est allée lui offrir la lieutenance générale du royaume, poste précurseur de la royauté qui fut proclamée quelques jours après.

Dans le parc de ce magnifique château, on remarque un petit monument élevé par madame Adélaïde, où est incrusté un boulet de canon, tiré de Saint-Cloud, où se trouvait encore Charles X. Ce boulet de canon, qui pouvait être meurtrier, peut être regardé comme ayant rompu le lien de famille qui attachait la branche aînée des Bourbons à la branche cadette.

Depuis la révolution de juillet, Louis-Philippe y vient encore avec sa nombreuse famille, chercher un repos que la direction des affaires lui rend si nécessaire.

Avant de nous remettre en route, le Voyageur me permettra

de lui rappeler que c'est à Neuilly que le poète Millevoye est mort, il y a à peine vingt ans; que beaucoup de ses poésies si pures, d'une si douce mélancolie, lui ont été inspirées dans ces lieux; *la Chute des Feuilles* était le triste présage de sa mort prématurée, et au moment de fermer à jamais les yeux, il chantait encore :

Vous qui priez, priez pour moi.

Cette romance était le *Chant du Cygne*.

En face de nous, sur la droite, on voit Courbevoie, bâti en amphithéâtre, sur la montagne couronnée par le superbe bâtiment de la caserne. Tout-à-fait à droite, à mi-côte, on voit le château du célèbre Dupuytren, et à un quart de lieue de là la *Villa-Orsini*, maison de plaisance appartenant à M. Thiers.

CHAPITRE II.

Puteaux — M. Sellière — Premières manufactures — M. Dumas — M. Langlassé — La médecine Leroy — Le comte de Kergorlay — Le Soldat laboureur et Cazot — Evariste Dumoulin — Maisons de campagne — Fête patronale.

A la sortie du pont de Neuilly, nous tournerons à gauche, et nous suivrons la Seine jusqu'à l'église de Puteaux. Ce village, qui est si populeux aujourd'hui, n'était, il y a à peine cent ans, qu'un hameau de Suresne. La seigneurie appartenait aux dames de Saint-Cyr, et elles y possédaient le château, qui, après avoir appartenu sous l'empire au duc de Feltre, est devenu une fabrique d'étoffes de nouveautés de fantaisies imprimées. La culture des roses, de la vigne et des asperges, faisaient encore, en 1820, toute son industrie et tout son commerce. C'est à M. Sellière, ancien fournisseur et propriétaire de cette maison de campagne, dont le jardin est bordé de fossés sur les bords de la Seine, et de l'île qui s'étend depuis près le pont de Neuilly jusqu'à Suresne, que le village de Puteaux doit peut être toute l'importance qu'il a aujourd'hui. C'est lui qui y fonda le premier établissement pour le lavage des laines ; il fut imité par un autre propriétaire, et ils donnèrent ensemble l'idée de toutes les ressources qu'offrait la rivière, pour l'exploitation de toute espèce de manufacture.

La première machine à vapeur coûta la vie à celui qui l'avait fait établir, ainsi qu'au conducteur, et priva ainsi l'industrie de deux hommes qui lui étaient si précieux. L'entrepreneur était M. *Dumas*, frère du savant et habile chimiste, qui rend chaque jour tant de service à la science, et qui lui a succédé dans l'exploitation de l'établissement.

Puteaux est également redevable de son commerce, devenu immense, en bois, vins et charbon de terre, à M. Langlassé, dont l'activité lui a valu l'une des plus belles fortunes des environs de Paris. Il n'était pourtant que simple garçon épicier chez M. Saulnier.

Aussi ce village s'est-il montré reconnaissant en l'appelant à la tête du bataillon de garde nationale.

M. Leroy, célèbre par la médecine à laquelle il a donné son nom, habite ce village, sur la côte connue sous le nom de *Chant de Coq*, et il y exerce la bienfaisance d'une manière généreuse et modeste à la fois.

Le comte de Kergorlay, si connu par ses opinions légitimistes, l'habitait, dans un château situé sur les bords de la Seine, et dont le parc servit depuis quelques années, à construire un nouveau quartier, déjà plus peuplé à lui seul que ne l'était tout le village en 1824. Dans cette partie du village est une guinguette qui porte pour enseigne *le Soldat laboureur*. C'est le troisième établissement où la jeunesse du pays va se divertir le dimanche.

On y boit le vin du pays, et du meilleur, si l'on veut; on y sert de la friture ou de la matelotte, et on y danse dans un salon très-vaste. Je vous le cite, cher Voyageur, pour vous engager à y aller. Vous y serez servi par un hôte que vous avez vu, et qui vous a fait rire : c'est Cazot, l'acteur des Variétés, qui le matin sert le *canon sur le comptoir*, à l'ouvrier des manufactures de Puteaux ou à ses vignerons, et qui va le soir endosser la casaque et la perruque de la joyeuse Thalie du théâtre des Panoramas.

Évariste Dumoulin, qui, après

avoir été simple feuilletonniste du *Constitutionnel*, en devint l'un des principaux propriétaires, fit bâtir une maison de campagne, qu'il venait habiter très-souvent, jusqu'à sa mort. Cette maison se trouve située sur les bords de la Seine, près de la propriété de M. Sellière.

Non loin de là se trouve une autre propriété appartenant à M. Bataille, ancien tapissier de la duchesse d'Angoulême; elle fut divisée par ce propriétaire, pour y construire une demi-douzaine de maisons de campagne, toutes plus jolies les unes que les autres.

La fête patronale de Puteaux tombe le vendredi de la Passion, et on la célébrait le dimanche des Rameaux, comme étant le plus rapproché de la Notre-Dame-de-Pitié, dont la paroisse invoque le patronage (1).

CHAPITRE III.

Suresne — Maisons de Plaisance sur la Seine — Le village — L'église — Les vins — Evénemens historiques — L'envoyé turc — Les mendians — Le Mont-Valérien — La vue — L'abbaye de Longchamps — Les pélerinages.

En suivant les bords de la Seine, et à peu de distance du château, sous le nom du *duc de Feltre*, se trouve un autre château appartenant à l'un des riches

(1) *Voyez* à la fin de ce volume, p. 239, *Souvenirs et Anecdotes sur Puteaux*.

banquiers Rothschild. Cette demeure est magnifique, et sa position sur la rivière est des plus avantageuses. De là et jusqu'à l'extrémité de Suresne, ce n'est plus que maisons de plaisance, et toutes, comme un essaim de jeunes Sylphides au milieu d'une salle de bal, semblent se disputer le prix de la beauté.

Voici celle de M. Truelle, le colonel d'une légion de la garde-nationale de la Banlieue de Paris. Elle fait le coin de la rue qui conduit dans l'intérieur du village en venant du passage de la Seine qui conduit au bois de Boulogne par Longchamps. Au bout de la terrasse qui longe le bord de l'eau, est un petit pavillon hexagone. Je me contente seulement de vous le signaler, attendu que c'est moi qui l'ai construit depuis les fondations jusqu'au comble.

A l'extrémité du village, se trouve le joli château de la princesse de Vaudemont, qui renferme des objets d'arts d'une grande valeur et très précieux. Il y existe un joli petit théâtre où mademoiselle Mars vint jouer la comédie, et une chapelle fort élégante où vinrent officier plusieurs prélats illustres.

L'histoire est muette sur l'origine du village de Suresne, qui était jadis du doyenné de Châteaufort. La terre où cette commune est située, a appartenu au Roi Charles-le-Simple, en 918, de même que Rueil, qui n'en est qu'à une demi-lieue, appartenait à Charles-le-Chauve, avant qu'il le donnât au monastère de Saint-Denis. Ce village est au pied du Mont-Valérien, qui, de ce côté là, regarde le Levant; cette exposition, jointe à la nature du sol, faisait produire des vins si bons, que dans des thèses de médecine soutenues à la Faculté de Paris en 1724 et 1725, on n'a pas craint d'attester que ces vins surpassent en bonté ceux de Beaune et autres endroits renommés de la Bourgogne. Il paraît que ce vignoble a furieusement changé depuis ce temps-là, car on ne peut pas goûter de ce vin sans lui faire la grimace. Suresne était autrefois un Bourg; et une porte qui existait encore quelques années avant la première révolution, du côté de Puteaux, indiquerait assez qu'il était muré lors des guerres civiles du seizième siècle.

L'église est ancienne, et saint Leuffroy en est le patron, que l'on fête le 23 juin. Elle a eu jadis pour titulaire des curés célèbres, entr'autres *François Vatable*, *Pierre Convers*, et *Pierre Danes*, qui devint évêque de Lavaur.

Suresne est célèbre dans l'histoire de Henri IV : sur la fin des guerres de la ligue, en 1593, lorsqu'on fut convenu avec ce Prince, de conférer sur les moyens de conserver la religion et l'état, les catholiques offrirent de tenir les conférences à Montmartre, ou à Chaillot, ou bien à Saint-Maure : on résolut enfin de les tenir à Suresne. Elles eurent lieu le 29 avril de cette année, et des Archevêques y assistèrent. C'est dans ces conférences que l'on fit sentir au Roi la nécessité d'embrasser la religion catholique.

Le 19 novembre 1669, M. de Lyonne donna à l'envoyé de la Turquie une audience à Suresne. On y servit du *cavé*, ainsi qu'on appelait le café, qui était alors fort nouveau en France. C'est peut-être par rapport à cette circonstance que l'on a placé à Suresne la fable de la comédie intitulée *le Pacha de Suresne*.

Raoul Bouterays a aussi célébré, en vers latin, le vignoble de Suresne, dans son poëme intitulé *Latitiæ*. Il fait marcher ses vins de pair avec ceux d'Orléans.

Nous allons monter au Mont-Valérien, en traversant une petite place, par une petite rue mal pavée et un chemin tout tortueux. Sous la restauration, lorsque les paroisses de Paris venaient aux deux neuvaines qui se faisaient chaque année, sur cette montagne, on voyait arriver, aux mois de mai et de septembre, une foule innombrable de mendians, tous plus hideux les uns que les autres, et qui semblaient échappés de la Cour-des-Miracles; ils formaient une double haie depuis la place de Suresne jusqu'à la porte du Calvaire, au milieu de laquelle devaient passer les pèlerins qui s'y rendaient en procession, à partir de l'église du village. On ne pouvait faire un pas sur ce chemin, sans être accroché par ces crétins de toute espèce, tout étourdi qu'on était par leurs complaintes, leurs plaintes, leurs lamentations, leurs glapissemens, leurs beuglemens et leurs hurlemens.

Vers le milieu de la côte, se trouve un four à chaux, et près de là un télégraphe.

De là la vue commence déjà à s'étendre, et l'œil ne voit plus jusqu'au-delà du pont de Neuilly qu'un amas considérable de maisons de plaisance, de manufactures, là où on ne voyait il y a peu d'années encore, que des champs où l'on cultivait la rose de Puteaux et des vignes. Cependant la vue ne perd rien à ce changement; toutes ces constructions, d'une forme gracieuse et bien dessinées, donnent un aspect bien plus animé à cette riante campagne.

On arrive au sommet du Mont-Valérien en entrant dans l'enceinte fermée par une grille.

Le Mont-Valérien (ou le Calvaire), en latin *Mons-Valeriani*, a pris son nom de *Valérien*, père de l'empereur Gallien. Les prêtres qui l'habitent depuis plusieurs siècles forment une congrégation instituée pour rétablir le culte de la croix, que les calvinistes avaient tenté d'abolir. Les premiers ermites en étaient en possession dès le xe siècle ; mais la congrégation des prêtres était dans le Béarn, et c'est Louis XIII qui les établit sur cette montagne. Les lettres-patentes de cet établissement sont de 1633. Il devint important par les donations qui furent faites à l'envi par l'abbaye de

Sainte-Geneviève, l'archevêque de Paris, la reine Anne d'Autriche et autres nobles personnages.

La montagne est haute et rapide, et lorsqu'on est arrivé à la grille, il faut encore monter quelques centaines de degrés, pour arriver sur la terrasse supérieure; aussi on a grand besoin de se reposer lorsqu'on y est.

Arrivé au haut des degrés qui forment le perron en avant du mur d'enceinte, on se trouve en face d'une statue de la sainte Vierge, chargée de fleurs et d'ornemens, et éclairée par de nombreuses bougies. Là, les pèlerins font ordinairement la prière d'entrée, et donnent une offrande qu'ils jettent dans le tronc, qui leur présente sa gueule béante;

car partout il faut donner. On trouvait aussi à cet endroit une boutique où l'on pouvait se procurer des chapelets, des petits livres, des images, des bagues et des médailles, le tout ayant reçu ou étant prêt à recevoir la bénédiction.

De chaque côté de la montée des degrés se trouve un cimetière destiné à la sépulture de tous les bienfaiteurs du lieu, et qui font partie de la congrégation du Calvaire. L'un est le cimetière de Saint-Joseph, et l'autre de Notre-Dame-des-Sept-Douleurs.

Arrivé sur la terrasse supérieure, cher Voyageur, vous pouvez admirer un nouveau point de vue qui ne le cède en rien à ceux que vous avez vus à Saint-

Cloud, à Meudon et à Bellevue.

Vers le sud-ouest, on voit Saint-Cloud, son église, ses casernes et son château, qui se dessinent sur l'épaisse verdure du parc et des bois de Meudon; plus loin Clamart, les hauteurs de Vanvres et d'Issy, qui forment le premier plan d'un immense horizon; puis Paris, et la Seine qui s'en échappe, pour former un circuit qui s'arrondit avec grâce sur la campagne la plus riche et la plus variée qu'on puisse imaginer, et allant se perdre à Saint-Denis, que vous voyez à la gauche de la butte Montmartre. La voici cette basilique à la flèche élancée, qui renferme tant de souvenirs, tant de grandeurs à côté du néant! Charles X, lorsqu'il venait en pèlerinage au Calvaire, et qu'il venait à tourner les regards vers cette royale nécropole, ne se doutait certainement pas qu'il n'y aurait là point de place pour lui, et que la terre d'exil seule lui offrirait un tombeau.

Encore un peu plus loin, sur la gauche, on aperçoit Montmorency, qui domine la merveilleuse vallée qui lui emprunte son nom. Montmorency, où vous êtes allé voir l'ermitage de Jean-Jacques Rousseau, la maison où est mort Grétry, et qui fut assiégée par les députés liégeois, qui venaient réclamer le cœur que leur avait légué leur harmonieux compatriote, après une indifférence et une ingratitude de plusieurs années. Ramenez vos regards maintenant en suivant le cours de la Seine; apercevez-vous la gare de Saint-Ouen et les longues cheminées des machines à vapeur que l'on voit dans les environs? Vous voyez le pont d'Asnières, et à côté le pont du chemin de fer de Saint-Germain, et les wagons qui le parcourent avec la rapidité de l'éclair. Celui de Versailles s'embranche à cet endroit et va sillonner sous nos yeux toute la campagne jusqu'à Saint-Cloud.

De l'autre côté de la Seine, en face de Suresne, auprès du moulin, est la place où était située l'abbaye de Longchamps, dont il reste quelques bâtimens.

L'abbaye de Longchamps a été fondée par Isabelle de France, sœur de saint Louis, en 1261.

Cette communauté était de l'ordre de Sainte-Claire, et son abbesse était élective et triennale. Lors de sa fondation, cette abbaye était sur la paroisse d'Auteuil. La première abbesse fut *Agnès d'Anneri*. *Blanche de France* et *Jeanne de Navarre* y moururent au XIVe siècle, ainsi que Philippe-le-Long. Ce prince n'avait que 28 ans à sa mort, arrivée en 1321.

Tous les ans, le mercredi, le jeudi et le vendredi saint, le beau monde de Paris était jadis attiré par des voix délicieuses qui y chantaient les lamentations. On cite parmi les virtuoses embéguinées, les demoiselles *Le Maure*, *Fel* et autres. Peu à peu la foule devint de plus en plus considérable, et c'était à qui viendrait étaler la toilette la plus brillante et la plus nouvelle, pour donner le ton aux modes de la belle saison. La chapelle n'était bientôt plus grande assez pour contenir tous les fastueux *dilettante*, et l'usage devint plus impérieux encore, d'y venir imposer à grands frais et dans de superbes équipages, la mode aux innombrables piétons qui n'ont jamais songé à venir pour entendre les lamentations de Jérémie, si délicieusement chantées par les dames de Longchamps; de sorte que cette habitude s'est conservée, malgré la destruction de l'abbaye et la dispersion de ses récluses cantatrices, malgré les événemens de la première révolution.

Depuis quelques années, cependant, les promenades de Longchamps ont perdu de leur importance, et si l'on en juge par les dernières, on peut leur prédire une fin prochaine, à moins que Musard ou Tolbecque vienne avec son armée de musiciens et quelques concerts monstres, faire revivre cet antique usage.

À la première révolution, les prêtres et les ermites disparurent du Mont-Valérien, ainsi que son imitation du Calvaire et les stations. Ensuite, Napoléon y fit construire le grand bâtiment en fer à cheval, pour y établir une succursale de la maison d'éducation pour les demoiselles de la légion-d'honneur, établie à Saint-Denis. Mais ce projet, au moment de recevoir son exécution, fut arrêté par la chute de l'Empereur, et la restauration rendit le Mont-Valérien à sa première destination. Le Calvaire fut réédifié, les chapelles stationnelles relevées, et les pélerinages recommencèrent de plus belles. La famille royale donnait l'exemple, et il était suivi avec un grand empressement. La haute prélature y venait officier, et les meilleurs orateurs y prêchaient avec beaucoup d'éloquence une doctrine qui n'était pas toujours empreinte de la morale évangélique, belle de sa pureté primitive.

Les soldats de la garde royale et les Suisses y venaient aussi faire leur dévotion, et il paraît qu'on leur en faisait un moyen d'avancement.

Cet établissement s'enrichissait chaque année. La chapelle, qui depuis long-tems n'était plus grande assez, allait être remplacée par une église assez vaste, que l'on avait commencée au milieu de la principale façade du bâtiment en fer à cheval, dont le portail fut à peu près achevé, et dont le chevet et la nef devait se prolonger sur le derrière, du côté des jardins de l'ancienne maison des prêtres et des ermites. La Révolution de juillet suspendit l'état de prospérité du Calvaire ; les pélerinages furent interrompus, et les bâtimens livrés à la dévastation. C'est peut-être un bonheur ; car l'église aurait été achevée entièrement, et comme sa construction était assez peu solide pour n'offrir aujourd'hui qu'un amas de ruines menaçantes, elle aurait pu s'écrouler un jour en écrasant dans sa chute quelques milliers de dévots pélerins.

Les prêtres en furent les seuls architectes; mais ils n'avaient pas hérité des talens des anciens moines, qui construisaient eux-mêmes leurs abbayes et leurs églises, qui luttent encore avec le tems, et dont la plupart seraient encore debout, si le vandalisme révolutionnaire n'était venu y apporter sa hache destructive.

On venait en pélerinage au Mont-Valérien depuis fort long-tems; mais on a retranché du commencement du règne de Louis XVI les pélerinages nocturnes qui se faisaient par le bois de Boulogne, la nuit du jeudi au vendredi saint, où des pélerins, chargés de croix de bois très-pesantes, se traînaient avec peine, soit nu pieds ou à genoux, jusqu'au tertre, souvent pour des motifs qui n'étaient pas aussi pieux qu'ils le paraissaient, ajoute la Chronique. On faisait aussi des retraites dans la maison des prêtres et chez les ermites qui y étaient établis.

L'établissement des cimetières dont j'ai parlé, et le service, exigeaient que des voitures pussent arriver facilement au sommet de la montagne. A cet effet, on a pratiqué une route superbe, qui part de la grande route de Saint-Germain, à la demi-lune de Puteaux, près du *Chant-de-Coq*. Cette route est bordée par une double rangée d'arbres et suit toute la crête de la montagne, jusqu'au Calvaire.

La vue, si belle du côté de Paris, n'est pas moins admirable du côté opposé. Tout l'espace, jusqu'à Saint-Germain, dont le parterre borne l'horizon, présente au spectateur un coup-d'œil ravissant. Au pied de Saint-Germain, on aperçoit le Pec, en deçà la forêt de Chatou, puis le village, sur le bord de la Seine, et Nanterre tout près de nous. A droite, c'est Bezons, et au-dessus, Maisons, où M. Laffitte vient de donner son nom à un charmant village élevé au milieu des superbes ombrages du parc ; puis Sartrouville, dont on n'aperçoit que le haut clocher de pierre blanche. L'horizon se borne de ce côté par les hauteurs de Corneilles-en-Parisis, de Montigny et de Conflans-Sainte-Honorine. Suivez maintenant le cours de la Seine, qui semble sortir de la riche vallée de Montmorency, pour venir baigner Argenteuil, où furent inhumés Héloïse et Abailard, et dont le vin est fort connu aux barrières de Paris. Voyez-la passer devant vous, aller déposer son tribut à la machine de Marly, et se perdre ensuite au bas de Saint-Germain, en poursuivant sa course vers la droite, pour recevoir les eaux de l'Oise.

CHAPITRE IV,

Nanterre — Ses églises — Sainte Geneviève — Seigneurie — Congrégation — Maisons religieuses — M. De Pongerville.

Nanterre est un bourg à deux lieues et demie de Paris, et avant la révolution, il faisait partie du doyenné de Châteaufort. Il est aujourd'hui de l'arrondissement de Saint-Denis, et sous la restauration, il était chef-lieu du canton, dont le siége a été transféré à Courbevoie depuis 1830.

Ce bourg était célèbre autrefois par le pélerinage presque continuel que l'on faisait à la chapelle de sainte Geneviève (1),

(1) Voyez sa *Vie*, par le P. Jean; 1 vol. in-32, qui se vend chez KLEFER, 25 c.

qui, comme on sait, vécut et mourut à Nanterre. Il y avait deux églises avant 1789. Celle qui existe encore aujourd'hui, est un édifice dont la construction appartient à différentes époques. La tour paraît être ce qu'il y a de plus ancien, et avoir été bâtie vers le règne de Philippe-le-Bel, au xive siècle. En 1643, on y porta une partie des entrailles du cardinal de la Rochefoucault.

L'autre église, consacrée à sainte Geneviève, qui était la plus ancienne pour la construction, ne consistait d'abord que dans ce qui depuis servit de chœur, et dont la construction remonte vers la fin du xie siècle. Dans la suite, on y a ajouté une nef un peu plus étendue, et qui renfermait le puits dont les pélerins venaient boire de l'eau par dévotion. Cette chapelle passe pour avoir été bâtie sur le lieu même où était la maison de *Sévère* et de *Géronce*, père et mère de sainte Geneviève, et que le puits est le même où elle puisait de l'eau pour se désaltérer.

En 1625, Henriette-Marie de France, reine d'Angleterre, avait donné à cette chapelle de riches étoffes, dont on fit de superbes ornemens, et la maréchale de Vitry, une lampe d'argent et du linge. A son retour de Savoie, en 1630, Louis XIII y vint rendre grâces à la patrone du lieu, de la guérison d'une grande maladie qu'il avait eue à Lyon. La Reine y vint également, le 3 janvier 1636, faire ses dévotions, en demandant au ciel un Dauphin pour la France. Elle donna encore en même tems des présens de linge et d'argenterie.

La chapelle est entièrement abandonnée, et elle tombe en ruines. Cependant le puits se conserve encore, mais il a considérablement perdu en vénération, quoiqu'on y vienne encore en pélerinage au mois de janvier et le lundi de la Pentecôte, jour où l'on couronne encore chaque année une rosière.

Hors le bourg, en allant à Chatou, se trouve encore une autre petite chapelle dédiée aussi à sainte Geneviève. Elle est entourée d'arbres; l'histoire rapporte que c'est à cet endroit qu'elle allait garder les moutons de son père, dont elle était la bergère.

On se perd dans les conjectures à propos du tems auquel la seigneurie et la terre de Nanterre fut donnée à l'église de Saint-Pierre et Saint-Paul de Paris, où fut d'abord inhumée sainte Geneviève. On croit que c'est Clovis, qui ne s'était réservé que Rueil, en qualité de terre du fisc, pour en faire une maison de plaisance. Il est certain cependant, d'après *le Pouillé*, rédigé vers le tems d'*Odon de Sully*, évêque de Paris en 1202, que l'église de Nanterre était comprise dans celles dont la nomination appartenait à l'abbé de Ste-Geneviève de Paris.

Sous Louis XIII, le prieuré-cure de Nanterre fut changé en prieuré-conventuel, par bulles du pape Urbain VIII. Ce même pontife ayant permis de former une communauté de chanoines réguliers de la congrégation de France dans le prieuré de Nanterre, on y établit un séminaire dans la maison du curé, et dont les séminaristes recevaient de lui, en grande cérémonie, la soutane violette. Cet établissement fut confirmé par le Roi, et la reine *Anne d'Autriche*, en reconnaissance de ce que ses vœux et sa prière furent exaucés, par la naissance de Louis XIV, voulut avoir le titre de fondatrice de cette maison, en en posant la première pierre, le 16 mars 1642. Cette pierre renferme plusieurs médailles d'or et d'argent. Sur la principale, qui est d'un très-grand diamètre et d'une grande valeur, on lit l'inscription suivante : *Anna Austriaca Franc. et Navarr. Regina in B. Genovefam, Urbis adeoque Orbis Gallici Patronam eximium pietatis monumentum primarium hunc et angularem lapidem posuit nomine et titulo Fundatricis, anno Domini* M.DCXLII, *Urbani VIII, Pontificatûs XIX, Ludovici XIII.*

Cette maison prenait, outre des séminaristes, des pensionnaires, auxquels on enseignait les humanités; mais l'université de Paris, invoquant son privilége, lui intenta un procès au sujet de ses écoles et le perdit.

C'est aussi du bourg de Nanterre que sont sorties les religieuses chanoinesses de Saint-Augustin de Chaillot. La famille de *Paul Beurier,* curé de la paroisse, à ses sollicitations, abandonna tout ce qui lui restait de biens pour y fonder un couvent de cet ordre, après avoir obtenu les permissions nécessaires. Paul Beurier fit alors venir de l'abbaye de S.-Etienne de Rheims, deux religieuses, dont l'une fut désignée prieure par l'archevêque, et l'autre maîtresse des novices, et elles commencèrent ainsi à former le nouveau couvent, qui fut placé sous le patronage de sainte Geneviève.

Nanterre était autrefois une ville fermée; les murs subsistent encore, ainsi que quelques portes à peu près en ruines. Sa fondation remonte à une très-haute antiquité. Clotaire II y fut baptisé; et lors de l'invasion des Anglais au xive siècle, ils y mirent le feu, comme ils venaient de le faire à Saint-Germain.

Aujourd'hui Nanterre n'est plus célèbre que par les gâteaux que l'on vend sur la place de la Concorde, à Paris, et qui sont, pour la plupart, fabriqués dans cette capitale. On y a établi, il y a peu d'années, un abattoir qui fournit des porcs à tous les charcutiers de Paris et des environs. Il s'y tient aussi un marché de ces bestiaux, qui est succursal de celui de Saint-Germain.

Nous ne quitterons pas Nanterre sans que je vous indique la maison de campagne qu'habite, pendant l'été, l'un de nos littérateurs les plus distingués. C'est M. *De Pongerville*, de l'Institut, l'un des *quarante*, l'auteur des

Amours mythologiques, de l'*Epître au roi de Bavière*, et le plus parfait traducteur de *Lucrèce*. C'est à cette admirable traduction qu'il doit son fauteuil académique, et Louis XVIII en fit un éloge des plus flatteurs, quand il lui dit *que sa traduction l'avait réconcilié avec Lucrèce*. M. De Pongerville est aussi maire de Nanterre, et son élection à cette magistrature honore également les habitans qui l'ont choisi, et lui-même, en devenant l'objet de leur choix. Ses fonctions et le séjour qu'il fait à Nanterre, ne l'empêchent pas de suivre, avec une scrupuleuse exactitude, les séances de l'Académie, et d'en partager avec zèle tous les travaux.

CHAPITRE V.

Rueil — L'Église — Le Tombeau de Joséphine — La Mal-Maison — Souvenirs de Richelieu, de l'Empire et de 1815 — Le Roi d'Éthiopie — La Maison des Léonard.

Nous quitterons Nanterre, pour nous diriger sur Rueil par le petit chemin qui va joindre la grande route, à peu de distance de la caserne, qui était, sous la restauration, destinée à recevoir un régiment de Suisses. Cette caserne est dans une superbe position, et la cour qui est en avant est on ne peut plus favorable pour les exercices.

Rueil est un fort bourg du canton de Sèvres, et son territoire est un des meilleurs vignobles des environs de Paris. L'église est fort jolie et assez grande; son portail, d'ordre ionique, est dessiné avec grâce, et produit un fort bon effet. Sur l'un des piliers de la nef, on lit une inscription portant qu'*Antoine*, 1er du nom, dix-huitième roi de Portugal, et ses fils Dom *Emmanuel* et *Christophe*, étant à Rueil en 1584, ils posèrent la première pierre de cet édifice; aussi y voit-on leurs armes en plusieurs endroits. Celles du cardinal de Richelieu étaient au portail. Saint Pierre et saint Paul sont les patrons de cette église. Leurs statues, qu'on y remarque, sont les meilleurs ouvrages de *Sarrazin*. Mais un monument moderne, qui attire l'attention de tous les étrangers, c'est le tombeau de l'impératrice Joséphine, élevé par la piété filiale de ses deux enfans, Eugène et Hortense Beauharnais. Il est tout en marbre blanc, et d'une construction admirable. La statue de cette femme sublime est un des premiers chefs-d'œuvre de sculpture de l'école moderne. Ce monument, d'une si élégante simplicité, commande en quelque sorte la contemplation! Muette expression des regrets qui s'attachent aux souvenirs qu'il est destiné à perpétuer!

A l'extrémité de ce bourg, du côté du sud, on voit encore les débris d'une chapelle dédiée à saint Cucufat, où l'on allait en pélerinage, et où l'on brûlait des bougies il y a peu d'années encore. On disait vulgairement la chapelle de *saint Quiquenfat*.

La duchesse d'Aiguillon avait fondé au XVIIe siècle, à Rueil, un établissement des Filles de la Croix. C'est cette communauté qui fut le berceau du monastère de Saint-Louis, établi à Saint-Cyr, et qui devint si célèbre sous le règne de Louis XIV.

Rueil, qui de tems immémorial a été résidence royale, fut encore célèbre dans les derniers siècles, par le château de la Mal-Maison, où se sont accomplis tant d'événemens, qui tous ont eu une grande portée sur les destinées de la France.

Ce nom de Mal-Maison était déjà connu dès le treizième siècle, pour être celui d'un fief de la paroisse de Rueil. Il tire sa dénomination de l'arrivée des

Normands, au neuvième siècle. Comme ils débarquèrent dans ces endroits-là, et que leur venue y fut très-fatale, il en resta les noms de *Malus-Portus*, *Mala-Mansio*, et peut-être aussi de *Malus-Repastus*. Ce lieu n'était en 1244, qu'une simple grange appelée *Mala-Domus*.

Étant devenu depuis une propriété du cardinal de Richelieu, il acquit une grande importance. On sait combien la *Journée des Dupes* y est liée, et la condamnation du maréchal de Marillac n'est pas l'événement le moins remarquable qui s'accomplit à Rueil. Le procès de ce malheureux maréchal y fut instruit par deux commissaires qui étaient les créatures et les âmes damnées du cardinal-ministre, et un arrêt de mort devait nécessairement en être la conséquence.

La Mal-Maison reprit son importance en devenant la demeure de madame Beauharnais. Puis, cette importance s'accrut encore par l'avènement de Napoléon à l'Empire. Les souvenirs, qu'à ce sujet, ce lieu rappelle, sont encore présens à toutes les mémoires. Là, l'Impératrice infortunée vint chercher des consolations à la répudiation qu'elle-même, dit-on, avait conseillée. Napoléon, assure-t-on encore, y revint après retremper son courage auprès de cette femme, si bonne, si sage et si vertueuse. Puis, les revers arrivèrent, et les rois étrangers, dont elle avait excité l'admiration, sont venus pour ainsi dire, l'étouffer en l'embrassant. Ses derniers momens sont encore présens à la mémoire de tous les habitans de Rueil ; ils vous en feront le récit naïf et touchant, et vous donnerez de nouveau une larme à cette femme sublime, qui fut le bon ange du plus grand homme des tems modernes.

La mort du prince Eugène Beauharnais, digne héritier des vertus de sa mère, et l'un des plus braves de la plus brave armée, amena le démembrement et la vente du superbe domaine de la Mal-Maison. Cependant les souvenirs qu'il rappelle ne peuvent périr, et les maisons de campagne qui s'élèvent dans toutes les parties du parc, ne pourront faire oublier et Richelieu et Joséphine.

Le fameux capucin nommé

Joseph Leclerc, si connu dans l'histoire du règne de Louis XIII, est mort à Rueil, le 18 novembre 1638, à l'âge de 61 ans.

Dans le même tems, il y mourut aussi un nommé Zaga-Christ, qui se qualifiait roi d'Ethiopie. Les uns le reconnurent pour tel, les autres le regardèrent comme un aventurier. Le cardinal de Richelieu ne s'ouvrit pas trop à cet égard; mais au peu de cas qu'il paraissait en faire, il était facile de deviner ce qu'il en pensait. La mort décida de ce prince, et on lui fit cette épitaphe :

> Ci gist du roi d'Ethiopie
> L'original ou la copie ;
> La mort a vidé le débat,
> S'il fut roi, ou s'il ne le fut pas.

En sortant de Rueil pour aller à Bougival, on voyait, il y a environ soixante ans, une superbe maison bâtie par les Léonard, célèbres typographes. On lisait l'inscription suivante, en style lapidaire dans le vestibule:

Imperante Ludovico magno, Regum maximum, Fredericus Leonardus pater, et Fredericus filius, ambo Regis et Serenissimi Delphini primarii typographi, has rusticas œdes urbant laboris sublevamento à fundamentiis erexerunt, anno repar. sal. M. D. CC.

Parmi les anciennes maisons qui portaient un intérêt historique, on remarque encore à Rueil celle qui a appartenu au résident de l'électeur de Cologne, M. de Waldor. Ce fut ce ministre qui fit connaître en France les marronniers d'Inde. Les premiers qu'il fit venir furent présentés à Louis XIV, et plantés, par son ordre, dans le jardin de Marly.

CHAPITRE VI.

Bougival—Charlevanne—L'Invasion des Normands — La vallée des Boges—L'Eglise.

LE premier village que l'on rencontre après Rueil est Bougival; mais les maisons de ce village qui se trouvent sur la grande route, forment le hameau connu sous le nom de la *Chaussée*, aujourd'hui *Chaussée de Boissy-d'Anglas* (1), et qui s'appelait ja-

(1) Boissy-d'Anglas a publié, en 1825, un poëme sur Bougival; il fait partie de ses *Etudes littéraires et poétiques d'un Viellard*, en 6 vol. in-12, qui se trouvent chez KLEFER, à Versailles.

dis Charlevanne. C'est le lieu où les Normands arrivèrent vers la fin du carême de l'année 846, et d'où ils montèrent jusqu'à la Celle, dans le but de mettre le feu aux églises de Saint-Pierre et de Saint-Germain. Charles-le-Chauve les prévint, et à son arrivée il les mit en fuite et les contraignit à repasser en toute hâte et en désordre la Seine, après quoi ils allèrent exercer leurs ravages au village de Chatou.

Il y avait à Charlevanne une léproserie, qui existait en 1224, et que l'on croit avoir formé une espèce de communauté. Elle était disposée pour les malades de quinze paroisses, ce qui fait supposer que cette léproserie était une des mieux rentée du diocèse. Il existait encore dans cet endroit, jusqu'à la première révolution, une chapelle de maladrerie, sous le patronage de sainte Madeleine, et que l'on disait dépendre du duc d'Orléans.

Le village de Bougival tire son nom du mot *boi* ou *bog*, qui signifiait anciennement concavités. On sait que la montagne voisine de cet endroit a été trouvée très-propre à fournir de la craie ou pierre tendre; de sorte qu'après que l'on en a eu tiré, il est resté des creux ou des concavités, qui ont fait surnommer cette vallée, *la vallée des Bosges*. Ces cavités ont servi, par la suite, de retraite aux pauvres gens, et c'est sans doute par où le village a commencé.

La sainte Vierge en est la patronne, et on la fête le jour de l'Assomption, le 15 août. Mais la principale fête se faisait au jour de saint Avertin, au 5 mai. Ce saint est le second patron du lieu.

L'antiquité et la forme de la construction de l'église de Bougival, donne à penser que quelque abbaye a contribué à son élévation; et dans ce cas, ce ne pourrait être que saint Florent de Saumur. Elle est petite, à la vérité, mais elle est très-solidement bâtie : le chœur paraît être de la fin du xiie siècle. Il est étroit, ainsi qu'on les bâtissait alors, mais voûté, aussi bien que le sanctuaire, au-dessus duquel est élevée une basse pyramide de pierres taillées en écailles. Les arcs sont en plein-ceintres, et non en ogives, et quatre pavillons de pierre en ornent les quatre coins. La nef, quoique seulement lambrissée, a des galeries bouchées, et des colonnades qui sont au plus tard du xiiie siècle. Deux chapelles se trouvent à l'extrémité des deux ailes qui forment la croisée de l'église. C'est dans la chapelle du sud que se trouvait jadis la sépulture et l'épitaphe de *Rennequin Sualem* et de son épouse. Les dévastations de la révolution ont emportés cette épitaphe hors de l'église, et elle se trouve aujourd'hui chez un marchand de vins, M. Couturier, qui l'a fait sceller dans la salle de son cabaret.

Le château connu sous le nom de la *Jonchère*, fait partie de la commune de Bougival. Sa construction n'est pas d'une grande élégance, et on n'y a pas fait grands frais d'architecture; mais il est remarquable par sa position, qui lui donne un aspect pittoresque. Louis Bonaparte, le général Bertrand, et l'ex-munitionnaire, général Ouvrard, l'habitèrent successivement. Le vieux château de Charlevanne, ou la Chaussée, était jadis une dépendance du château de la Jonchère. Pendant qu'Henri IV habitait Chaville, ce château était l'habitation de sa belle maîtresse, Gabrielle d'Estrées, habitation qu'elle affectionnait pour sa belle situation et les jolies vues dont on jouit dans différens points du parc, sur Marly, Louveciennes, Saint-Germain,

Maisons, Nanterre, Rueil et le Mont-Valérien.

CHAPITRE VII.

Marly — Les deux Paroisses — Le Château — La Machine — Etat des dépenses qu'elle a coûtée — Nouvelle Machine — Pose de la première pierre — Louveciennes — L'Aqueduc Marly-le-Roi — Rocquencourt — et Saint-Antoine.

En quittant le village de Bougival, nous arriverons bientôt à Marly, qui se trouve entre Versailles et Saint-Germain-en-Laye, et qui jouit d'une grande célébrité, qu'il doit principalement à la fameuse Machine connue par toute la terre. Hervé, seigneur féodal du moyen-âge, donna, en 1087, l'église de Marly aux moines de Coulombs, au diocèse de Chartres, pour en jouir, et de tout ce qui en dépendait, après la mort de deux chanoines qui la desservaient. Hervé tenait cette église par droit d'héritage. Elle se trouvait sous le patronage de la Vierge; mais une autre église fut bâtie pour les habitans, et ceux-ci la consacrèrent à saint Etienne, qu'ils adoptaient pour patron. Il y avait en outre une deuxième paroisse à Marly, et le patron de cette dernière était saint Vigor, que les habitans fêtent encore tous les ans au mois de juin; mais l'érection de la paroisse de Saint-Vigor ne détruisit point celle du titre de Notre-Dame. Ces deux paroisses furent d'abord appelées l'une, Marly-le-Château, et l'autre Marly-le-Bourg. La première est actuellement le village de Port-Marly, et l'autre celui de Marly-le-Roi.

Port-Marly se trouve tout-à-fait au bas de la colline et sur la route de Saint-Germain. C'est à Port-Marly qu'était construit le château royal dont j'ai donné une description rapide dans le *Nouveau Guide du Voyageur à Versailles*. Je compléterai ce que j'ai dit en ajoutant qu'il fut la résidence de l'infortuné Roi d'Angleterre, Jacques II, et qu'au milieu de ce qui reste de cette royale résidence, on retrouve encore le tombeau du marquis de Feretti, dernier rejeton des doges de Venise. Le parc a encore aujourd'hui une contenance de quarante arpens, avec tous les bâtimens nécessaires à son exploitation. Cette superbe localité réunit tous les genres de convenances pour la double destination d'un grand établissement d'instruction et d'importances usines, dont le projet est sur le point de recevoir son exécution. C'est un des plus grands bienfaits de la révolution de 1830, celui de livrer à des établissemens agricoles des terrains immenses, et d'une grande fertilité, qui jusqu'alors étaient consacrés aux jouissances de quelques riches, mais perdus pour le pays !

Le Voyageur me permettra de revenir aussi sur la Machine de Marly, et sur son inventeur

Rennequin Sualem. Il est généralement répandu dans le public que ce célèbre machiniste a eu les yeux crevés par ordre de Louis XIV, après avoir exécuté son chef-d'œuvre. Où donc a-t-on vu cela? quel est donc le mauvais plaisant, ou pour mieux dire, le mauvais citoyen qui a pu forger un conte aussi absurde et aussi outrageant pour la nation? Ce n'est pas en France que l'on mutile les savans utiles, pour les récompenser de leurs précieux travaux. C'est déjà de trop de l'indifférence qui accueille quelquefois leurs découvertes ou le fruit de leurs veilles. Les travaux de *Rennequin Sualem* ont été dignement récompensés par Louis XIV, et la preuve se trouve écrite en lettres d'or sur son épitaphe, qui constate qu'il a légué une partie de son bien à l'église, et ce legs, dit-on, montait à plus de 36,000 fr.

La Machine de Marly a été commencée en 1681. Les travaux ont duré neuf ans, et ont été terminés en 1690.

Les dépenses de cette Machine et de tous les travaux accessoires se sont élevées à la somme de 3,086,516 liv., argent de ce tems-là. Et comme alors l'argent se comptait sur le pied de 32 fr. le marc, cette dépense équivaut en francs à 4,629,773 fr.

Entretien :
De 1691 à 1700.. 713,947 fr.
— 1701 à 1710.. 597,422
— 1711 à 1720.. 498,130

A reporter.. 1,809,499

Report.....	1,809,499 fr.
De 1721 à 1730..	755,631
— 1731 à 1740..	798,725
— 1741 à 1750..	718,048
— 1751 à 1760..	762,558
— 1761 à 1770..	899,254
— 1771 à 1780..	607,742
— 1781 à 1792..	890,203
Tot. pend. 102 ans	7,241,660 fr.
Année commune	71,016 fr.

La Machine de Marly fut d'abord uniquement destinée à fournir l'eau nécessaire aux parcs et jardins de Marly et de Versailles, et nullement à l'usage ordinaire de la vie, jusqu'en 1732; on trouve qu'à cette époque elle ne fournissait pour Versailles que quatre pouces d'eau de rivière, exclusivement destinés au service du Roi; le reste de la ville ne recevait d'eau que celle des sources, évaluées de trente à trente-cinq pouces; ce qui dura jusqu'en 1738. Ce fut alors seulement que la ville participa à la distribution des eaux élevées par la Machine, car l'on voit par les états qui ont été tenus, la quantité d'eau arrivée à Versailles, qu'elle a fourni par jour; savoir:

De 1738 à 1744..   8 pouces.
— 1744 à 1764.. 13   —
— 1764 à 1768.. 18   —
— 1768 à 1775.. 22   —
— 1775 à 1780.. 25   —
— 1780 à 1789.. 28   —
— 1789 à 1794.. 32   —

Depuis cette époque jusqu'en 1803, la Machine ne fournissait plus que douze pouces d'eau par jour à Versailles, ce qui était causé en négligeant de l'entretenir, ainsi qu'on l'avait fait jusqu'en 1792. Cette négligence avait conduit la Machine à un état de dégradation tel, qu'une partie était depuis long-tems hors d'état de rendre aucun service, et que le reste menaçait, d'un moment à l'autre, d'abandonner Versailles à la seule ressource de l'eau des étangs et des rigoles, qui, dans une année de sécheresse, auraient beaucoup souffert de la disette de cet objet de première nécessité.

La sollicitude de M. Garnier provoqua, de la part des consuls, un arrêté, en date du 13 frimaire, an XII (4 décembre 1803) portant l'ordonnance de la construction d'une nouvelle machine, en remplacement de celle qui existait. On se borna, dans l'exécution de cet arrêté, à réparer de l'ancienne ce qui était possible, et à faire des essais de nouveaux systèmes. Le nombre des roues fonctionnant fut réduit à six, parce qu'on le jugea suffisant pour alimenter Versailles et Marly.

C'est en 1817 que Louis XVIII, sur la proposition du baron Mounier, intendant des bâtimens de la couronne, ordonna l'exécution d'une machine destinée à remplacer provisoirement la première, qui, dès lors, fut hors de service.

Ces travaux furent confiés à M. Cécile, architecte ingénieur. Cette machine provisoire éleva l'eau d'un seul jet sur l'aqueduc. Elle fut établie dans l'espace de onze mois, par 150 ouvriers, et elle marcha pour la première fois le 25 août 1818.

En même tems l'ingénieur-architecte et M. Martin, constructeur de machines à vapeur, furent chargés d'établir celle que nous voyons aujourd'hui. Elle représente la force de 64 chevaux, et se compose de trois chaudières.

Cette nouvelle machine est un admirable morceau de mécanique hydraulique, que beaucoup d'étrangers viennent visiter. Le marquis de Lauriston, ministre de la maison du Roi, voulut, en 1821, constater l'époque d'une construction si remarquable, et en rappeler les circonstances; en conséquence, une inscription fut posée dans la première pierre de la fondation du massif qui supporte le cylindre. Cette opération a eu lieu le 14 octobre de cette année, et quatre exemplaires d'une médaille, frappée en or, en argent, en bronze et en platine, furent placées dans une boîte de cèdre. Ces médailles portaient d'un côté l'effigie du Roi, et de l'autre l'inscription suivante :

CONSTRUCTION
DE LA MACHINE A FEU
QUI PORTERA
LES EAUX DE LA SEINE A VERSAILLES.

Une plaque de cuivre a été jointe à ces médailles ; elle présente l'inscription suivante :

Sous le règne de Louis XVIII, le bâtiment destiné à contenir la machine à feu, construite par François-Charles Cécile et Louis

Martin, pour porter les eaux de la Seine à Versailles, ayant été érigé par la munificence royale, S. Ex. le marquis de Lauriston, pair de France, grand-croix de l'ordre royal et militaire de Saint-Louis et de l'ordre royal de la Légion-d'Honneur, lieutenant-général des armées du Roi, et ministre secrétaire-d'État au département de la maison de Sa Majesté, a posé cette inscription le 14 octobre 1821 ; le baron Mounier, pair de France, conseiller-d'État, directeur-général de l'administration du département et de la police, grand-officier de l'ordre royal de la Légion-d'Honneur, étant intendant des bâtimens de la Couronne, et François-Charles Cécile, chevalier de l'ordre royal de la Légion-

d'Honneur, architecte du Roi, et directeur de la Machine.

Il serait bon de savoir aujourd'hui si cette nouvelle Machine donne plus d'eau à Versailles que l'ancienne, et si son entretien coûte moins.

Plusieurs personnes dignes de foi affirment avoir vu, en 1795, à gauche de la maison qu'habitait RENNEQUIN SUALEM, vis-à-vis la Machine de Marly, une pierre scellée dans le mur, sur laquelle était gravée quelques lignes bien honorables pour le Machiniste liégeois. On se demande pourquoi cette pierre ne se trouve plus à sa place, et qui a pu la faire ôter?

De Port-Marly, on quitte les bords de la Seine, pour se rendre à Versailles, en montant la montagne, qui est assez rapide. A environ un quart de lieue sur la gauche, se trouve Louveciennes, presque au sommet et dans une jolie situation. De Louveciennes, on a dit par corruption *Louciennes*, et puis enfin *Luciennes*. Le paysage de cette commune est des plus couverts, tout le long de la côte et dans les sinuosités qu'il renferme. L'église est du titre de Saint-Martin. Le chœur et le sanctuaire paraissent être du XIIIe siècle. Ils sont petits et si solidement bâtis, que le clocher de pierre, qui est octogone, est supporté par le chœur. Le sanctuaire est carré, et son pourtour intérieur est décoré de fort belles galeries. On admire la rose en verre blanc qui termine le fond. Les habitans ont ajouté un deuxième patron à leur église, qui est saint Blaise.

Les habitans de Louveciennes sont très-laborieux et même spirituels; ceux qui ne se livrent pas à l'agriculture, exercent des professions industrielles; on fabrique surtout une grande quantité de bas dans cette commune. Elle est une de celles où les mœurs soient le mieux conservées dans les environs de Paris, et pourtant, la jeunesse, qui y est fort belle, s'y divertit peut-être mieux qu'ailleurs.

C'est à Louveciennes que résidait le plus souvent la fameuse Dubarry. Le château a été bâti par Louis XIV, qui y avait ménagé un pavillon pour madame de Montespan. Louis XV le donna tout entier à sa courtisane favorite, qui y fit des dépenses inouies, pour l'orner, en réalisant les contes les plus brillans des *Mille et une Nuits*. Cette propriété a passé entre les mains d'un frère de M. Laffitte.

De Louveciennes pour aller à Marly-le-Roi, il faut passer sous les arches de l'aqueduc, dont les proportions gigantesques rappellent, s'ils ne les surpassent pas, les monumens romains dont nous retrouvons les débris et qui nous attestent leur passage.

Marly-le-Roi est aujourd'hui un bourg de près de 1,500 habitans, et chef-lieu de canton. Il n'offre rien d'assez intéressant pour distraire le voyageur de sa route. Il longera donc les arcades de l'aqueduc, et demi-heure après il arrivera à Rocquencourt.

Ce village doit son existence et son nom à un château fort ancien, qui n'existe plus depuis long-tems. Ce château est remplacé par une jolie fabrique, dans le genre italien, et qui semble encadrée dans la masse des bois qui commencent dans le fond de la vallée, et couvre, jusqu'à son sommet, le revers de la montagne. Aussi, cette situation est-elle une des plus pittoresque des environs de Paris, à une demi-lieue de Versailles.

Le village de Rocquencourt fut le théâtre d'un combat acharné, qui eut lieu le 1er juillet 1815, entre les troupes prussiennes et françaises, à la suite duquel les Prussiens furent forcés de mettre bas les armes, et de se rendre prisonniers aux Français, de beaucoup inférieur en nombre.

Nous approchons de Versailles. Voici la porte Saint-Antoine, de ce village qui prête son église au hameau artificiel de Trianon. Saint-Antoine est le rendez-vous des ouvriers, qui viennent s'y divertir le dimanche et le lundi, et cette circonstance lui donne tout-à-fait l'aspect des barrières de Paris.

On entre à Versailles, soit en traversant la porte Saint-Antoine, et le parc de Trianon, ou en suivant la route jusqu'au boulevard du Roi, au haut duquel on aperçoit la statue équestre de Louis XIV, qui domine la Cour d'honneur du palais.

CHAPITRE VIII

ET DERNIER.

Retour — Bateau à vapeur — Panorama — Javelle — Arrivée à Paris.

Pour revenir à Paris, cher Voyageur, vous prendrez une route que vous connaissez déjà, soit par Sèvres, soit par Ville-d'Avray, et vous viendrez de là à Saint-Cloud, où vous pourrez vous embarquer sur un bateau à vapeur, qui vous conduira jusqu'à Paris. Mais pour cela il faut que ce soit un jour où il marche, et je suis réduit à ne pouvoir vous indiquer ce jour, puisque sa marche n'est pas réglée.

Ce voyage de Saint-Cloud à Paris est fort agréable; un admirable panorama se déroule devant vos yeux, et, pour en jouir, vous n'avez pas à éprouver la moindre fatigue; au contraire, vous pouvez vous placer tout à votre aise, et laisser passer devant vous, avec tous leurs accidens naturels, des villages, des châteaux, des fabriques, des fermes, des parcs, des jardins, des bois, des montagnes et des vallons.

Vous verrez Sèvres, son île, et la place où était l'ancien pont, dont les habitans défendirent le passage contre les Prussiens, lors de la seconde invasion, en 1815. L'ennemi y fit une perte considérable, et il s'en vengea en mettant pendant trois jours le bourg au pillage. Vient ensuite la verrerie de Meudon, puis, le village, où le joyeux Rabelais, au moment de mourir, se fit apporter un domino, et s'en enveloppa, en disant : *Beati qui in Domino morientur;* et qui peu après ajouta : « Tirez le » rideau, la farce est jouée. »

Au-dessus de Meudon, le château, que vous connaissez déjà, et qui fut habité par Marie-Louise, pendant la campagne de Russie. Vous vous rappelez aussi que tout près de là, se trouvait l'ancien château, démoli en 1804, après avoir servi, en 1793, aux expériences de l'artillerie et du génie, et à la fabrication des aérostats, dont l'emploi contribua si puissamment au gain de la bataille de Fleurus.

Ensuite, on passe devant Issy,

qui s'éloigne bientôt par un détour que fait la Seine, et qui donne un aspect nouveau aux objets que l'on vient d'apercevoir, et l'on arrive à la hauteur de Javelle, qui rappelle un endroit jadis très-fréquenté par les ivrognes et les femmes de mauvaise vie. Sur l'emplacement se trouve une fabrique de produits chimiques, et principalement d'une eau connue sous le nom d'eau de Javelle, qui est d'un grand secours pour le blanchissage du linge et le nettoyage du papier.

Sur l'autre rive de la Seine, on voit le Point-du-Jour, Auteuil et Passy, qui offrent un coup-d'œil ravissant. Puis on passe sous le pont de Grenelle, et on longe l'île des Cygnes jusqu'à une petite distance du pont d'Iéna. La vue de Chaillot est toujours admirable, de quelque point qu'elle soit prise.

Enfin, après avoir passé successivement devant le champ de Mars, que l'on n'aperçoit pas beaucoup, les Invalides, que l'on ne voit guère, et le palais de la Chambre des Députés, on appareille au port du quai d'Orsay, en face le jardin des Tuileries.

Je vous quitte maintenant, cher Voyageur; vous êtes à Paris. Mais les souvenirs que vous rapportez de Versailles, vous engageront, je n'en doute pas, à faire de nouveau le voyage, et, dans ce cas, je vous prie de penser à moi.

SOUVENIRS ET ANECDOTES

SUR PUTEAUX.

Pour vous amener au Mont-Valérien, j'ai dû, cher Voyageur, vous faire passer par Puteaux, et je me suis permis de vous y arrêter long-tems, et de vous y entretenir, avec mon dévergondage accoutumé, de détails qui, peut-être, ne vous intéressent guère. Maintenant, je vous en dois la raison, et la voici, avec le pourquoi. C'est que Puteaux a pour moi des souvenirs bien chers; c'est que j'y ai passé les plus beaux jours de ma jeunesse; c'est que j'y fus heureux, enfin! Mon bonheur était d'autant plus vrai, qu'il était modeste, que peu me suffisait, et que mon rabot me tenait lieu de tout. Tenez, voilà la maison où j'ai travaillé pendant cinq ans, jusqu'en 1824, et depuis encore, à plusieurs reprises; elle tient à l'église, sur les bords de la Seine, et mon ancien bourgeois s'appelle Baurillion; c'est un singulier personnage que ce Baurillion; son caractère est très-original, et jamais il n'a été apprécié à sa juste valeur par ses concitoyens. Chez lui, j'ai pris part à tous les travaux importans qui se sont faits à Puteaux, pendant le tems que j'y ai demeuré. J'ai travaillé tour à tour à l'église et à la salle de danse; dans l'une, j'ai fait une partie des grilles qui séparent le chœur de la nef; dans l'autre, j'ai fait le plancher où déjà se sont faits bien des sants, et l'orchestre qui les a réglés tant bien que mal; j'ai fait des lits où des enfans ont vu le jour, et des bières, plus encore, pour ceux qui s'en allaient à *la Plaine vineuse*, lieu où est situé le cimetière du village. C'est aussi à Puteaux que j'ai fait ma première chanson sans me douter qu'un jour j'aurais la prétention d'en faire imprimer. Vous le voyez, je devais être heureux, et je l'étais en effet; mais alors, je n'avais pas encore connu le monde, les grands, comme j'avais connu les petits; la politique m'était tout-à-fait étrangère; les persécutions d'un pouvoir ombrageux ne m'avait pas encore jeté dans une sphère qui ne me convenait nullement; je ne connaissais pas encore les horreurs de la guerre civile; je n'avais pas encore été porté à la tête d'une armée révolutionnaire, où je fus chef d'État-major; les prisons m'étaient inconnues, et une sentence de mort n'avait point encore frappé mes oreilles.

Pourquoi ne reprenez-vous pas votre rabot, puisqu'il vous rendait heureux? allez-vous me dire. Pourquoi, cher Voyageur? c'est parce que la lance d'un cosaque m'a fait une blessure à la jambe, lorsque, sous les murs de Varsovie, j'allais prêter mon faible secours à la malheureuse Pologne, expirant sous les coups du Czar, et que cette blessure, mal cicatrisée, me rend impossible l'exercice de ce rabot, qui m'a procuré tant de beaux jours, mais déjà si loin.

Pourquoi ne vous l'avouerai-je pas? Mon cœur a, à Puteaux, des souvenirs qui ne s'effacent pas: vous me comprenez, et, à ce sujet, permettez-moi de vous raconter une anecdote, qui est assez singulière. La jeune beauté qui, pour la première fois, avait fait battre mon cœur, excitait le plus puissant intérêt, et la plus vive sympathie : à treize ans, elle était orpheline, elle venait de perdre sa mère, qui était l'unique appui qu'elle avait au monde, et sa seule famille. Mais le village de Puteaux l'adopta, et chacun veillait sur elle avec la plus tendre sollicitude. Un jour, elle me dit en plaisantant qu'elle voulait se faire religieuse; je lui répondis sur le même ton, que, si elle faisait un pareil sacrifice, j'en ferais un autre; que je la tuerais, que j'arracherais son cœur de ses entrailles, et qu'après l'avoir saupoudré d'arsenic, je le mangerais pour m'empoisonner. La chose est prise au sérieux, le bruit s'en répand au village, et voilà qu'en peu de jours, je devins pour tous un objet d'horreur! Pouvais-je penser qu'on allait prendre au sérieux une plaisanterie, et une chose que je regardais comme impossible? Mais ce n'est pas tout: vers cette époque, les environs furent effrayés de ce féroce cannibale, qui dévora les entrailles d'une jeune fille, dans *les Roches de la Charbonnière*, près de *Verrières*. Le plus grand hasard le fit découvrir; mais s'il ne l'avait pas fait, je pouvais fort bien être au moins soupçonné, avec la réputation que l'on m'avait faite.

Lors de la Révolution de juillet, on m'avait aussi cru mort à Puteaux, parce qu'on avait vu mon nom au bas de quelques vers que j'avais écrits sur la pierre qui couvre les braves morts pour la défense de la liberté, et dont j'avais dirigé la sépulture, au coin de la rue Froidmanteau, après avoir partagé leurs périls. Cette erreur se prolongea pendant plus d'un mois, et ne cessa que lorsque je fus allé moi-même la détruire, au grand étonnement de ceux qui m'avaient cru mort.

FIN.

TABLE

ANALYTIQUE DES MATIÈRES,

PAR ORDRE ALPHABÉTIQUE.

A.

ANOT de MAIZIÈRES, officier de l'Université, professeur d'éloquence au Collége royal de Versailles, *Page* 66
ARC-DE-TRIOMPHE. Historique de sa construction, 140
ATELIERS de sculptures, 7
AUTEUIL. Description historique de cette commune. 84

B.

BAGATELLE, maison de plaisance dans le bois de Boulogne. Ses divers propriétaires, 152
BATEAU A VAPEUR de Paris à Saint-Cloud, 234
BAURILLION, maître menuisier de Puteaux, 240
BEAUJON, ancien jardin public, et nouveau quartier de Paris, 139

Bellevue (château de), *Page* 116
Bénédictines (couvent de), à Issy; elles sont dispersées par suite de leurs déréglemens, 132
Béranger, chansonnier, habite Passy, 20
Beringhem, premier écuyer du Roi. Son enlèvement par méprise, 81
Beurier, fondateur du prieuré conventuel de Nanterre, 196
Blanc de Meudon (fabrique de), 112
Boileau, habita Auteuil, 89
Bois de Meudon, 123
Bons-Hommes (couvent des), à Chaillot. Notice historique, 11
Bosges (vallée des), à Bougival, 211
Bougival, notice historique sur cette commune, 209
Boulogne, notice historique sur le bois et la commune, 25
Butte de Picardie, à Versailles, 61

C.

Calvaire, voyez Mont-Valérien, 172

CAPUCINS (couvent de), à Meudon, *Page* 113
CAZOT, acteur des Variétés, traiteur à Puteaux, 165
CHAILLOT, notice historique sur cette commune, 2
CHAMPS-ÉLYSÉES (avenue des), à Paris, 137
CHARLEVANNE, chaussée de Boissy-d'Anglas, à Bougival, 209
CHATEAU de Bougival, 213
— de Chaville, 75
— de Henri IV, id.
— de Louveciennes, 230
— de Madrid, à Neuilly, 150
— de Marly, 217
— de Meudon, 114
— de Neuilly, 157
— de Saint-Cloud, 41
— de Sèvres, 129
— de Vanvres, 106
CHAUSSÉE de Boissy-d'Anglas, à Bougival, 209
CHAVILLE, notice historique sur cette commune, 74
CHÈVRES (faire danser les), dicton populaire, 98
CIMETIÈRE de Clamart, à Paris, 91

Cimetières du Mont-Valérien, 177
Clamart, notice historique sur cette commune, 105
Collége royal de Versailles, 64
Collégiale de Saint-Cloud, notice historique sur cette église, 39
Conférences de Suresne, 171
Conférence (faubourg et barrière de la), 17
Courbevoie (village et pont de), 160

D.

Diot, restaurateur, à la grille de Ville-d'Avray, Description de son établissement, 53
Dubarry (maison de cette célèbre courtisane, à Versailles, 70
Dumas, chimiste à Puteaux. Sa mort tragique, 163
Dumoulin (Evariste), homme de lettres. Sa maison de campagne, 165

E.

Eaux minérales d'Auteuil. Leur découverte, 89
—   de Passy, 19

Eaux de Saint-Cloud. Leur vertu miraculeuse, *Page* 38
École Militaire de Paris. Sa fondation, 95
Elisabeth de France, sœur de Louis XVI. Sa maison de plaisance à Versailles, 70
Entrepôt général de tabac, à Paris, 8
Ermites du Mont-Valérien, 175
Ethiopie (le roi d') à Rueil. Son épitaphe, 207

F.

Feltre (château du duc de), à Puteaux, 162
Fête de l'Epée, à Vanvres. Causes de son abolition, 103
Fontaine du Roi, à Ville-d'Avray, 59
Fontaine de Saint-Germain, à Sèvres, 78
François Ier, seigneur de Vanvres, 100
Franklin, habita Passy, 20

G.

Gateaux de Nanterre, *Page* 198
Gendron (notice biographique sur), 86
Geneviève (sainte). Notice historique sur cette patrone de Paris, et les pélerinages qui se font en son honneur, 190
Girard de la Croix, fondateur de l'église de Notre-Dame de Boulogne, 29
Grenelle (Beau-). Nouveau village, 134
Grenouillère (la), ancien faubourg et guinguette de Paris, 7

H.

Hôtel de Bretagne, ancien manoir de Nijon, 11

I.

Ile des Cygnes, 15
— des Mottes, *id.*
— de Neuilly, 156
— Séguin, à Sèvres, 81

Ile des Treilles, *Page* 15
— des Vaches, *id.*
INVALIDES (Hôtel des), façade du sud, 95
ISSY, notice historique sur cette commune 131

J.

JAVELLE (moulin de), 237
JEAN DU HOUSSET. Précis de la mort de Henri III, 17
JOSÉPHINE (l'impératrice), son tombeau à Rueil, 201

K.

KERGORLAY (comte de). Sa maison de campagne à Puteaux, 164

L.

L'ANGLASSÉ, négociant à Puteaux. Services qu'il rendit à cette commune, 163
LANTERNE de Démosthènes, dans le parc de Saint-Cloud, 49
LAUGIER, maître de pension à Versailles, 66

La Vallière, religieuse à Chaillot, *Page* 2
Légion-d'Honneur. Succursale de la maison royale de Saint-Denis, au Mont-Valérien, 183
Leroy, à Puteaux, auteur de la médecine qui porte son nom, 164
Longchamps (abbaye de). Notice historique sur ce célèbre établissement religieux, 180
Louveciennes. Notice sur cette commune, 228

M.

Machine de Marly. Notice historique sur l'ancienne et la nouvelle, 218
Madrid (château de), 150
Maison des Léonard, fameux typographes, à Rueil, 208
Maisons de Plaisance de Saint-Cloud, 46
— à Issy, 131
— de Santé, à Passy, 17
Mal-Maison. Notice historique sur cette résidence, 200
Manufacture de porcelaine, à Sèvres, 79

MAQUERELLE (île), *Page* 15
MARBEUF, ancien jardin public, à Paris, 138
MARINEL, petit ruisseau de Sèvres, 77
MARLY. Notice historique sur ce bourg, 215
MARLY-LE-ROI, 230
MARS (Mlle), célèbre comédienne. Son apostrophe à l'insolence des gardes-du-corps, 69
MENDIANS du Mont-Valérien, 173
MENUS-LÈS-SAINT-CLOUD, ancien hameau, 27
MEUDON. Notice historique sur cette commune, 107
MÉZERAI, historiographe de France. Ecrit lui-même son épitaphe, à Chaillot, 18
MINIMES (Voyez couvent des Bons-Hommes), 11 et 13
MILLEVOYE Habite Neuilly. Sa mort, 159
MONT-VALÉRIEN. Notice historique sur cette montagne, 172
MONTRE-TOUT. Site pittoresque à Saint Cloud, 48
MONTREUIL, faubourg de Ver-

sailles. Notice sur cette commune et sur son église, *Page* 124

Moulineaux (les). Ferme des Chartreux, au bas du village de Meudon, 113

Moutier (le). Fondé par saint Cloud (Clodoald), 37

Muette (château de la), à Auteuil, 22

N.

Nanterre. Notice historique sur cette commune, 190

Neuilly. Notice historique sur cette commune, 147

Nijon. Ancien village près Paris, 11

Nogent-sur-Seine. Ancien nom de Saint-Cloud, 37

Notre-Dame de Boulogne. Sa fondation, 28

Notre-Dame-de-Toutes-Graces, à Chaillot, 13

Nouveau-Monde. (Voyez Sablonville), 147

O.

Offlenus. Nom du fondateur de Viroflay, 72

P.

PALAIS DU ROI DE ROME, sur les hauteurs de Chaillot, *Page* 10
PARC DE SAINT-CLOUD. Sa description, 45
PAVILLON DE SULLY, à Chaville, 75
PÉLERINAGES au Mont-Valérien, 173 et 184
— à Nanterre, 193
PLAINE-DES-SABLONS. Note historique, 145
POINT-DE-VUE de Bellevue, 118
— de Chaillot, 8, 11 et 16
— du Mont-Valér., 177
— de Saint-Cloud, 50
— de Vanvres, 102
POINT-DU-JOUR. Son origine, 84
POMPADOUR (Mme de). Elle ordonne la construction du château de Bellevue, 116
PONGERVILLE (de), membre de l'Institut. Habite Nanterre, Mot de Louis XVIII sur sa traduction de Lucrèce, 198
PONT de Grenelle, 90
— de Neuilly, 149 et 155

Pont de Saint-Cloud. Conte populaire sur sa construction, *P.* 34
— de Sèvres, 80
Port-Marly. Notice historique sur cette commune, 217
Port de Neuilly, 147
Prieuré de Nanterre. Sa fondation, 194
Puteaux. Notice historique sur cette commune, 161

R.

Rabelais. Notice biographique, 108
— Ses derniers momens, 236
Renaissance (Maison de la), aux Champs-Élysées, à Paris, 4
Rennelagh. Établissement consacré au plaisir, dans le bois de Boulogne, 24
Réservoir des eaux de Marly, près la butte de Picardie, à Versailles, 62
Richard (frère), cordelier, célèbre prédicateur, prêche à Boulogne, au xvie siècle, 31
Rocquencourt. Village près Versailles, 231

Rouvrat (forêt de). Ancien nom du bois de Boulogne, *Page* 26
Rueil. Notice historique sur cette commune, 200

S.

Sablonville. Sa fondation, 146
Saint-Antoine, 232
— Cloud. Notice historique sur cette commune, 37
— James (parc de) dans le bois de Boulogne, 154
— Lambert, patron de Vaugirard, 97
— Nicolas. Chapelle de la manufacture de tapis, de la Savonnerie,
Sainte-Perrine (abbaye de), à Chaillot, 9
Savonnerie, manufacture de tapis, 4
Sellière, propriétaire de l'île de Puteaux, 162
Séminaire d'Issy. Notice historique, 133
Sèvres. Notice historique sur cette commune, 77

Souvenirs et Anecdotes sur
   Puteaux, *Page* 239
Suresne. Notice historique sur
   cette commune, 167

T.

Tillet (du), maison de plaisance, et allée du parc de Saint-
   Cloud, 48
Trial (Mme), comédienne, enterrée dans l'église de Montreuil, 126
Trottoirs de Versailles à Chaville, 73

V.

Vanvres. Notice historique sur
   cette commune, 99
Vaudemont (la princesse de).
   Sa maison à Suresne, 169
Vaugirard. Notice historique
   sur cette commune, 96
Verrerie de Chaillot, 6
   — de Meudon, 130
Ville-d'Avray (la grille de), 53
   Notice historique sur cette
   commune, 57
Villiers-la Garenne. Notice

historique sur cette ancienne
paroisse, *Page* 142
Vin d'Auteuil. Sa qualité, 89
— de Suresne, 170
Il est célébré en vers latins, 172
Viroflay. Notice historique
sur ce village, 71
Visitation (couvent de la), à
Chaillot, 2

FIN DE LA TABLE.

En vente chez Klefer :

ÉLÉMENS DE LA GRAMMAIRE FRANÇAISE, par *Lhomond*, professeur émérite de l'Université de Paris. Nouvelle édition, augmentée, à laquelle on a joint le Complément de ces Elémens, récemment publié sous ce titre :

EXERCICES sur les Modifications du Verbe, la Formation des Temps dérivés-simples et des Temps composés, comprenant l'affirmation que présente chaque Temps, suivis de la Liste aphabétique des Mots où la lettre H est aspirée, classés par substantifs, adjectifs, verbes, adverbes, locutions adverbiales, etc. etc.; par M. *Grigy*, instituteur. Prix des deux ouvrages réunis en 1 vol. in-12, cartonné, dos en parchemin, 50 c.

— Les Elémens de la Grammaire de *Lhomond*, seuls, cartonnés, 40 c.

L'ECHOGRAPHIE des sons et articulations de la langue française, ou l'Art d'apprendre soi-même à écrire aussi vite que l'on parle; par *A. D. Gontier*. In-8º avec pl. Prix, 1 fr.

TRAITÉ complet des Thermomètres

et des Pyromètres, offrant l'histoire, la théorie et la pratique des instrumens qui donnent la mesure de la chaleur, avec la construction et l'application de ces instrumens à tous les degrés possibles de température, trad. de l'angl. par *M. E. Pelouze*, sur l'ouvrage publié à Londres, en 1828, sous la direction de la Société de propagation des connaissances utiles à l'industrie; par une réunion de physiciens, d'artistes et de fabricans anglais. Ouvrage extrêmement utile à tous propriétaires d'usines, aux horlogers, baigneurs, vignerons, brasseurs et distillateurs de grains, horticulteurs et propriétaires de serres chaudes, etc., et pouvant leur servir non-seulement à mesurer les températures, mais à les maintenir constamment au degré convenable à leurs opérations respectives. In-8° orné de 4 pl. gravées, 4 fr. 50 c.

CATÉCHISME DE LA FOI. 1 vol. in-18 cartonné, 40 c.

HISTOIRE DE Ste GENEVIÈVE, Patrone de Paris. 1 vol. in-32, 40 c.

LA MORALE EN ACTION purifiée, ou Elite des Faits mémorables et d'Anecdotes instructives propres à faire aimer la sagesse, à former le cœur des jeunes gens par l'exemple de toutes les vertus, et à orner leur esprit de tous les souvenirs de l'histoire. 1 gros vol. in-12. Prix, en feuilles, 1 fr. Cartonné, dos en parchemin, 1 fr. 80 c. — Avec 4 gravures, 1 fr. 90 c. Bien relié, avec 4 gravures, 3 fr.

HISTOIRE DE S. VINCENT DE PAULE, Fondateur des Filles de la Charité, des Enfans-Trouvés, etc. etc. 1 vol. in-12 orné du portrait de S. Vincent, 1 fr. — Le même ouvrage, augmenté de la Relation de la Translation des reliques de S. Vincent, avec la description des principales cérémonies qui l'ont précédée et suivie. 1 gros vol. in-12 orné de très-belles figures, 1 fr. 50 c. et 60 c. de plus pour la reliure.

ÉPITRES ET ÉVANGILES des Dimanches et Fêtes de l'année, précédés de l'Ordinaire de la Messe

et des Vêpres. 1 vol. in-18, cartonné, dos en parchemin, 50 c.
CATÉCHISME HISTORIQUE, contenant en abrégé, l'Histoire Sainte et la Doctrine chrétienne; par *Fleury*, Prêtre, Prieur d'Argenteuil, et Confesseur du Roi. Nouvelle édition; 1 vol. in-18 de 144 pages, cartonné, 50 c.
L'HOMME TEL QU'IL EST, suivi de l'Art d'être heureux; par *J. Erasme*. 1 vol. in-32, 75 c.
HISTOIRES FRANÇAISES à l'usage de la Jeunesse des deux sexes, par le même. In-32, 75 c.
AGAR ET ISMAEL, épisode tiré de la Bible. 1 beau vol. in-12, orné de 2 gravures, 2 fr. 50 c.
Cet intéressant épisode, mis en action par M. *Dechauvricourt*, est imité de la *Mort d'Abel*, de *Joseph* et d'*Éliézer*; la morale en est pure et religieuse, les scènes dramatiques sont attachantes; il peut être mis dans les mains de la jeunesse avec parfaite sécurité.

VERSAILLES, IMPRIMERIE DE KLEFER,
Avenue de Picardie, 11.

EN VENTE :

NOUVEAU GUIDE DU VOYAGEUR à Versailles, Trianon et Marly, contenant

1º. Une Instruction pour les Voyageurs, qui leur indique tout ce qu'il y a de remarquable à Versailles et ses environs ;
2º. Une Notice sur la Machine de Marly, et sur l'Inventeur RENNEQUIN SUALEM, Machiniste liégeois ;
3º. La Description du Palais et de la Cour d'honneur de Versailles et de son Musée national ;
4º. Du Jardin et Parc du Palais ;
5º. Des Trianons ;
6º. Une Notice sur les Eaux de Versailles ;
7º. Des Détails sur le Château et la Machine de Marly
8º. L'Indication des Traiteurs et autres Établissemens publics. Le tout formant 1 vol. de 128 pages. Prix 30

VERSAILLES ET SON MUSÉE NATIONAL HISTORIQUE, suivis de la Marche à suivre pour les bien visiter et voir jouer les Pièces d'Eau une à une, avec les Heures des Départs des Gondoles et des Accélérées, et de la Liste d'un grand nombre d'Hôteliers, Restaurateurs et autres Établissemens publics de cette ville. In-12 de 24 pages. Prix   10

SOUS PRESSE,
Pour paraître incessamment :

LISTE DES NOMS ET ADRESSES DES PRINCIPAUX HABITANS DE VERSAILLES suivie de Détails qui intéressent spécialement le Commerce de Paris.